庄子精义

青松　著

山西出版传媒集团
三晋出版社

图书在版编目（CIP）数据

庄子精义 / 青松著 . -- 太原：三晋出版社，2022. 3（2023.7重印）
ISBN 978-7-5457-2477-6

Ⅰ . ①庄…　Ⅱ . ①青…　Ⅲ . ①道家②《庄子》- 研究
Ⅳ . ① B223. 55

中国版本图书馆 CIP 数据核字（2022）第 048048 号

庄子精义　ZHUANGZI JINGYI

著　　者：青　松
责任编辑：任俊芳
责任印制：李佳音
装帧设计：王利锋

出 版 者：山西出版传媒集团
　　　　　三晋出版社（山西古籍出版社有限责任公司）
地　　址：太原市建设南路21号
电　　话：0351—4956036（总编室）
　　　　　0351—4922203（印制部）
网　　址：http://www. sjcbs. cn

经 销 者：新华书店
承 印 者：北京兴星伟业印刷有限公司

开　　本：890mm×1240mm　1/32
印　　张：11. 375
字　　数：150千字
版　　次：2022年3月　第1版
印　　次：2023年7月　第2次印刷
书　　号：ISBN 978-7-5457-2477-6
定　　价：68. 00元

序

詹石窗

在中国思想史上，庄学的发展是经过了一个漫长而曲折的过程的。《庄子》这本书原本有五十二篇十万多字，但我们今天所看到的《庄子》只有三十三篇六万多字，这是郭象删定的结果。在相当长的一个时期内，庄子并不引人注目，还常常受到儒家学者的批评，比如荀子说他"蔽于天而不知人"。从战国时代到东汉末年，《庄子》其实是一门"隐学"，并未进入文化的中心。汉代仅有刘安、班固等少数人对庄子有研究，其著作也大多失传。这一时期庄学的影响主要体现在《淮南子》中。直到魏晋时代，妙演奇义、大倡玄风，《庄子》与《周易》《道德经》并称三玄，庄学才从文化的边缘走向中心。彼时，注庄解庄者达数十家之多，可惜这些注本大多亡失了。今本分为内、外、杂篇，内篇七，外篇十五，杂篇十一，共三十三篇。一般认为，内篇是庄子思想的核心，并且体系较为完整。

南北朝时期，佛教开始盛行，这一时期，庄学与佛教相互发明，于是促成了庄学与佛教的繁荣。到了隋唐时代，庄子的地位进一步提升。特别是唐代，以皇家的名义加封庄子为南华真人，《庄子》这本书自然也就成为《南华真经》。这时期解庄者亦达数十家之多，然而留下来的也只有陆德明的音义和成玄英的疏了。

宋明时代，儒家地位不断提升，重新回归文化中心，并逐步生发出了理学的新枝，因此这一时期解庄特点大多是以儒解庄，如王安石、苏轼等人。这一时期还出现了庄学的第一次汇集，这就是褚伯秀的《南华真经义海纂微》，“其书纂郭象、吕惠卿、林疑独、陈祥道、陈景元、王雱、刘概、吴俦、赵以夫、林希逸、李士表、王旦、范元应十三家之说”，可以说是对庄学的一次总结。

进入清代，特别是乾嘉之后，对庄学的研究开始更多地转向文字训诂，这一时期也出现了庄学研究的汇集本，如郭庆藩的《庄子集释》、王先谦的《庄子集解》等等。

西学东渐之后，西方的哲学理念传入中国，众多学者开始用西方哲学方式重新解读国学经典，于是这一时期，用哲学解读庄子蔚然成风，以致影响至今。

新近以来，虽然庄学研究在文字训诂、哲学解读、各家汇通等方面均取得了一些成就，但如何返本开新仍然是学人努力探讨的核心。

本书作者在众多解庄者中独辟蹊径，虽有训诂功底，却不沉迷于文字；虽有哲学基础，却不局限于西哲，而是始终站在“生命智慧”这一视角来重新解读庄子，实在是难能可贵。以中学而言，作者始终能够把握庄子思想中“天人之学”的大学问和“心性之学”的真学问；以西学而言，作者对庄子的世界观和方法论的阐述全面而深刻，可以说是一本有价值、有特点的庄学著作。其特点表现为三个“新”。一是作者读庄方式新。一般学人读庄都是先看各家注解，再研读原典，而作者是先不看注解，直接体悟经典。二是解庄角度新。大部分解庄者或从文字训诂或从哲学视角来解读庄子，而作者是以“生命智慧”这一视角来解读的。三是观点新。由于作者独特的读庄和解庄方式，故其得出的观点和结论也自然与众不同，所以其内容多有创见。这的确不同于一些只注重解其字面意思的庄学著作，而是深入解读庄子寓言背后的真正用意，可谓解得深、解得切。本书文字优美，见解新颖，条理清晰，若没有对庄子真正的喜爱是绝做不到的。

庄学研究后继有人，我也感到很欣慰了。

2021 年 7 月 20 日

* 作者为著名道家文化研究专家，现任四川大学文科杰出教授、博士生导师、老子研究院院长。

前言

相视而笑　莫逆于心

在人类的发展历程中，中西文化有着明显的不同，西方文化注重天人两分，中国文化强调天人合一。因为天人两分，所以必须通过对外物的研究来了解世界。因为天人合一，所以了解了自身，也就了解了世界。因此，中国文化是强调和合的，把一切看成与我们并生的一个整体，从整体上、系统上来认知世界。“天人合一”是中国文化的特色，而这一理念的提出源自庄子。庄子说：“人与天，一也”“天地与我并生，而万物与我为一”。今天的人们是不应该淡忘庄子对中国文化的独特贡献的。

遗憾的是，很长一段时间以来，庄子不仅被淡忘，还时常被人误解为消极悲观厌世主义者，这实在是对庄子的一大误会。庄子以智慧之道眼，对人世的累患有着深刻的洞察，但他并不是悲观主义。他指出人生的问题虽多，但终有解决之道。他给予了超越的价值取向和实现路径。他并不是“悲观”，而是“实观”，即如实观照。之所以人们感觉他悲观，是因为他看到了人们不曾看到的深层次问题。他并不是“厌世”而是“救世”。他与世俗的悲观厌世者不同，他提出了人生问题终究可以解决的路径。从他的字里行间，你可以感受到一位智者救苦救难的慈悲之心。可以说，庄子是一位智慧慈悲、积极乐观、现实救世、逍遥自在的证道者。

古往今来，解庄者大概有十五类：以佛解庄，以儒解庄，以庄解庄，以易学解庄，以文学解庄，以艺术解庄，以玄学解庄，以理学解庄，以美学解庄，以老学解庄，以西哲解庄，以科学解庄，以宗教解庄，以字解庄，以史解庄。近来又有从养生学、内丹学、医学、气功、生命科学、社会学、政治学、伦理学、心理学、认知科学、宇宙学、物理学、生物学、管理学、神话、文化人类学、环保等多种角度发挥者。此皆庄学所开之枝叶。举凡诸类之中，以文字考古和西哲解庄最为盛行。而沉迷于文字考古，往往陷溺名相之间。以西哲解之，又如一叶迷山。其结果往往穷研训诂，遂成茫漠；中学西说，反致泥沉。

庄学不仅仅是一门学问，更是生命智慧的实践，“圣人不由，照之于天！”走是是非非分辨的路子是庄子所反对的。“言者所以在意，得意而忘言。”抱着名相不放，更加为庄子所痛斥。因为庄子知道“辩也者，有不见也”。故庄子说：“圣人怀之，众人辩之以相示也。”圣人总是回到本心直接去领悟真理，而世人却喜欢通过语言来辩论言说。

我少时喜读诸子，尤爱庄子，常觉欢喜，然而多不解其意。及至而立，遍读儒释道各家，回头再看庄子，忽觉朗然彻照。我读庄与众人不同，只读原典，极少涉及注解。常常读后合上书本，默默体会。这样，最大限度地避免了被别人注解的影响。直到完成《庄子浅注》

和《庄子讲义》的初稿，怕有错漏之处，才遍读各家注解。然而阅读各家注解，大部分观点都是我不能同意的，这更坚定了我读庄解庄的独特路径。

由于历史原因，《庄子》一书被郭象等人删改较多，原本已不可见，而各家又多为郭注所局限，虽然时有妙论，但大部分终不免成为郭象的一个留声机。诚如章太炎先生所言："悉含胡虚冗之言也。"

因此我希望能够跳出沉迷于文字考古和以西哲解庄的惯常思路，直畅本怀，解读庄子寓言背后的真正用意。浅注部分选取了一些我认为比较重要的内容进行注解。讲义部分以证道为主线，从人生的种种问题入手，层层破解，直至终极解决。浅注是纵向作注，讲义是横向解读。这一纵一横恰似一山一水。唯望与诸位在这纵横交错之间，山水相依之处，"相视而笑，莫逆于心"。

2021年7月10日

目录

一　庄子浅注

二　庄子讲义

庄子浅注

1. 鲲鹏变化

《逍遥游》开篇即以鲲鹏变化之博大气象而化喻世人。此万里大鹏乃庄子精神之化身。鲲鹏由小而大，由鱼而鸟，由有待而无待，层层飞升，正是庄子所经历的层层生命境界也。

“逍遥游”三字究竟何意？千百年来几无解者，今试解之。此三字任意组合，皆具甚深含义。逍者，消也。由消而至于无，此正道体也。遥者，至广大也。游者，周遍咸也。此为逍遥游。盖周遍宇宙，妙用无穷，体用一如者也。是此非道而谁？又，内在至精微，外在至广大，又有何处不可游哉？似此，则逍为体，遥为相，游为用。逍遥游者，体相用合一者也。

北冥有鱼，（北冥、南冥实同一也。从根本而言，乃玄冥大道也。万事万物皆从道体中变化而来，又复归于道体之中。若从世俗而言，所以曰南、曰北者，乃是修养实践也。北冥者，极幽暗之处也，类同无明，以比世俗。）**其名为鲲。**（鲲本鱼子，以喻大圣之种子。圣贤之大，乃从极小的种子而来。《逍遥游》开篇即暗喻极小、极大之义也。）**鲲之大，不知其几千里也。**（极言其大，以形象之大而喻格局之大、境界之高。）**化而为鸟，**（由鱼化鸟，乃从量变到质变的过程。鱼尚依赖水而生存，而鸟则不再需要依赖水，可一冲而起，自在飞翔。）**其名为鹏。**（借以强名。）**鹏之背，不知其几千里也。**（亦极言其大。）**怒而飞，**（怒，非情绪之发怒也，乃努力之努也。飞者，境界层层拔升之貌也。）**其翼若垂天之云。**（再言极大之格局，极高之境界。）**是鸟也，海运则将徙于南冥。**（海运者，圣贤之气象，修道之助缘也！鲲鹏虽大，无海运则不能飞升。）**南冥者，天池也。**（南冥者，极光明之处也，以比超越之世界。前说北冥，此处又说南冥，就过程而有次第，就根本而本体一如。曰南、曰北亦应俗之语，以喻修养实践也。）

《逍遥游》开篇呈现广大无穷之世界，盖把坐标系放大，从社会坐标放大到宇宙坐标，唯其如此，方能成就宇宙大我，从而突破局限，实现无限的可能。

《庄子》内七篇合而为一，散而为七，乃是一个整体。《逍遥游》为庄学之总纲，乃斥小向大、斥凡向圣、斥俗向真者也。以大鹏鸟开端，实乃一个人内在精进的过程，由小鲲到大鲲，到大鹏，到飞至南海之大鹏，此为四大境界，实乃一个人不断精进从而实现生命超越的历程。

2. 斥小向大

《齐谐》者，志怪者也。（《逍遥游》开篇即呈现鲲鹏变化之神奇现象，此喻惊骇世俗，与常识相左。恐人不信，乃借《齐谐》之书以为明证。）**《谐》之言曰："鹏之徙于南冥也，水击三千里，抟扶摇而上者九万里，去以六月息者也。"**（此二说鲲鹏变化。三千里极言其远，九万里极言其高。息者，风也。六月息者，六月风也。风以六月为大，故大鹏方可乘风而起，以飞南冥。）**野马也，尘埃也，生物之以息相吹也。天之苍苍，其正色邪？其远而无所至极邪？其视下也，亦若是则已矣！**（此一段文字，千百年来被郭象所误，世人不知，相袭以传。今试解之。此一段文字乃大鹏层层飞升后所见之境界也。大鹏向下观世间万象，照见世间百态，皆野马尘埃。就外相而言，万相如野马；就析色而言，万相如尘埃。从根本而言，皆是气的变化流动也。何谓野马？日照风动，如见野马。何谓尘埃？日照尘起，如见尘埃。皆不实之物也。说无却有，说有却无。此境界在庄子看来恰如野马尘埃。以此劝喻世人，万事万物皆不根本。然此一境界非常人所能见也。天之苍苍，其正色邪？其远而无所至极邪？人们举目所见蓝天白云并非真实如此。人们以蓝天为无极，然真实并非如此。此后隔空点破，无极之外复无极也。世人以天地为最广最深，乃不知天地之外复有天地，宇宙之外复有宇宙也。）

且夫水之积也不厚，则其负大舟也无力。覆杯水于坳堂之上，则芥为之舟，置杯焉则胶，水浅而舟大也。风之积也不厚，则其负大翼也无力。故九万里则风斯在下矣，而后乃今培风；背负青天而莫之夭阏者，而后乃今将图南。（此一段是说积厚之功夫。风不大不能鼓大翼，水不深不能负大舟。欲九万里而上能不培风乎？故必深畜厚养，乃可图南。否则，必中途坠落也。世人但以聪明智慧欲直趋圣境，岂不知若不积功累德必不能至也。）

蜩与学鸠（格局境界小的人，小知之人也。）**笑之曰：**（小知之人不知圣贤志向，故笑之。正如老子所言：上士闻道，勤而行之；中士闻道，若存若亡；下士闻道，大笑之。不笑不足以为道。）**“我决起而飞，抢榆枋，时则不至，而控于地而已矣，奚以之九万里而南为？”**（小知之人坐标系太小、境界太低，其成、其败、其苦、其乐皆在榆枋之间也。）**适莽苍者，三飡而反，腹犹果然；适百里者，宿舂粮；适千里者，三月聚粮。**（此一段从空间而言格局大小之不同。小知之人为空间所限，不知千里之境也。再次论及积厚功夫。“聚粮”者“培风”也。有多少粮能走多远路，有多大风能飞多高层。）**之二虫，又何知！**（圣贤志向与境界非世俗之辈可知也。）

小知不及大知，（世俗小知怎比觉悟大知。盖因限于智慧差别，所以不能照见根本真实之境界也。）**小年不及大年。奚以知其然也？朝菌不知晦朔，蟪蛄不知春秋，此小年也。楚之南有冥灵者，以五百岁为春，五百岁为秋；上古有大椿者，以八千岁为春，八千岁为秋。而彭祖乃今以久特闻，众人匹之，不亦悲乎！**（此一段又从时间坐标而言格局、境界之差别。小知之人如朝菌、蟪蛄也，为时间所限，晦朔与春秋尚且不知，岂知万代恒长乎？）

以上乃斥小向大之论也。

古来注庄者多矣。然皆本郭象为宗。郭注虽偶有妙论，然开篇即错。其《逍遥游》之注混同小大，不知真俗圆融之理也。在根本而言，则无大无小；在修养而言，则有次第之别。庄子之言，乃得道者言。盖大道本不可言说，强为之言，劝喻世人尔。以道观之，则事事物物皆在道中，岂有合道与离道之别？然就劝喻世人而言，强说合道与离道。庄子之言隐晦其间，或以根本说无小无大，或以次第说斥小向大。郭等不知，岂不谬哉？

汤之问棘也是已：汤问棘曰："上下四方有极乎？"（三说鲲鹏变化，前以《齐谐》之书证之，尚恐人不能深信，今特以圣人之言再为之证尔。）

棘曰："无极之外，复无极也。穷发之北，有冥海者，天池也。（北冥者天池也，南冥者天池也，北冥即是南冥也。）**有鱼焉，其广数千里，未有知其修者，其名为鲲。有鸟焉，其名为鹏，背若太山，翼若垂天之云，抟扶摇羊角而上者九万里，绝云气，负青天，然后图南，且适南冥也。**（为何三说鲲鹏变化？盖此鲲鹏变化乃庄学之要也。）**斥鴳**（小知之人也。）**笑之曰：**（下士闻道大笑也。）**"彼且奚适也！我腾跃而上，不过数仞而下，翱翔蓬蒿之间，此亦飞之至也，而彼且奚适也！"此小大之辩也。**（小知之人被时空所限，岂可知证道之境乎。)

3. 至人无己

前言皆寓言也，盖斥小向大也。恐人不悟，此一段乃明言凡圣之别，斥凡向圣。

故夫知效一官，行比一乡，德合一君，而征一国者，其自视也，亦若此矣。（众人尊贵者皆世俗成功者。然放大坐标系来看，不过是自鸣得意之蜩、学鸠、斥鴳也。名利再大亦不过是榆枋之间、蓬蒿之内而已。其所知之境界不过是沧海一粟，何足道哉。）**而宋荣子犹然笑之。**（宋荣子，悟道之人也。前言常人三境，后言圣者三境。悟道之人观世俗之功名利禄岂不小哉。）**且举世而誉之而不加劝，举世而非之而不加沮，定乎内外之分，辩乎荣辱之境，斯已矣。**（悟道之人面对世俗毁誉不避不迎、无喜无忧。既明体用之别，何有荣辱之境？

何能如此？皆因格局之大、境界之高。）**彼其于世，未数数然也。**（圣人无名。）**虽然，犹有未树也。**（虽忘名但未忘己。）**夫列子御风而行，泠然善也，旬有五日而后反。**（列子，证道之人也。此非理悟，而是实在证得。）**彼于致福者，未数数然也。**（神人无功。）**此虽免乎行，犹有所待者也。**（虽忘功但未忘己。）

若夫乘天地之正而御六气之辩，以游无穷者，（天地之正者，道之体也。六气之变者，道之用也。是此与道合一，又有何处不可游哉？此正逍遥之境也。）**彼且恶乎待哉！**（明有待无待之旨。世人所知之境界，乃现象也，非本体也。此现象之境，万事万物皆须依条件而产生。但因条件而生者必因条件而灭，此有待也，生灭法也。无待者，道也。唯道不必依条件而生灭也。否则，即使如列子者尚需待风而行也。无待者，不着一物，入乎虚无，正可乘物以逍遥。）

故曰：至人无己，神人无功，圣人无名。（此一句乃庄学之总要，逍遥之圣境也。举凡至人、神人、圣人，在庄子书中频繁可见。然各处所含之意不可同一而视之。

此三者，就次第而言有差别，就根本而言，合而为一。若能无己，则必然无功、无名；若能无功、无名，则必可达无己之境。庄学之要，乃倡导逍遥之境也。若要逍遥，必须无己。世人所苦、所乐皆因有我，若能无我，何苦、何乐？我与外境相对，无我则无外境。是此则能所两忘，体用皆空，与道合一，成就根本之解脱。）

4. 弃凡向圣

前一节为虚写，此一节为实写。尧比之于许由，可谓犹有世俗之念；许由比之于姑射神人，可谓犹有“一枝”“满腹”之需；而证道至人，超凡脱俗，乘云气、御飞龙，而游乎四海之外。此三者境界高低有别。以此劝喻世人，弃俗向真。

尧让天下于许由，曰：“日月出矣而爝火不息，其于光也不亦难乎！时雨降矣而犹浸灌，其于泽也不亦劳

乎！（日月、时雨者，自然也，爝火、浸灌者，人为也。喻凡圣对比。）**夫子立而天下治，而我犹尸之，吾自视缺然。请致天下。”**（此凡圣之别，高下可见。）

许由曰：“子治天下，天下既已治也，而我犹代子，吾将为名乎？名者，实之宾也。吾将为宾乎？（世俗之功名利禄者，名也，虚物也。修道之境界者，实也，根本也。）**鹪鹩巢于深林，不过一枝；偃鼠饮河，不过满腹。归休乎君，予无所用天下为！庖人虽不治庖，尸祝不越樽俎而代之矣。”**（明不越樽俎代庖之意也。）

肩吾问于连叔曰：“吾闻言于接舆，大而无当，往而不反，吾惊怖其言，犹河汉而无极也。大有径庭，不近人情焉。”（肩吾未证，故不知圣境若何。听之亦不信。此一节乃暗喻世俗之人，不知有圣境，即听闻之，亦认为虚妄之言也。）

连叔曰：“其言谓何哉？”

“曰：‘藐姑射之山，有神人居焉。肌肤若冰雪，绰约若处子。（神人形态不过就世俗而言示现而已。）**不食五谷，吸风饮露。**（身心早已转化。）**乘云气，御飞**

龙，而游乎四海之外。（乘天地之正，御六气之辩，以游无穷者。）其神凝，使物不疵疠而年谷熟。’（谷熟即道之妙用也。）吾以是狂而不信也。”

连叔曰：“然，瞽者无以与乎文章之观，聋者无以与乎钟鼓之声，岂唯形骸有聋盲哉，夫知亦有之。是其言也，犹时女也。（时者，现在也。女者，汝也。此处大有深意。常人不知圣境乃智慧不足所限，如聋盲耳。）之人也，之德也，将旁礴万物以为一，（喻万物齐一。）世蕲乎乱，（世俗纷乱不堪。）孰弊弊焉以天下为事！（世俗的功名利禄粗重不堪。）之人也，物莫之伤，大浸稽天而不溺，大旱金石流土山焦而不热。（得道之人神通变化。）是其尘垢秕糠将犹陶铸尧舜者也，（既已得道，即道体而起妙用。）孰肯以物为事！”（又怎会以俗物为念呢！）

宋人资章甫而适诸越，越人断发文身，无所用之。（章甫，帽子也。借以批儒家礼教皆人为伪道，故天民不用。）

尧治天下之民，平海内之政，往见四子藐姑射之山

汾水之阳，窅然丧其天下焉。（儒家尊尧，庄子亦借此圣人来劝谕世人，圣君尚且弃俗向圣，常人可不悟乎？）

此一节乃赞叹神人之神妙境界，妙不可言。此境界，岂常人可以真知乎！

5. 无用之用

上一节言得道之妙用无穷，尘垢粃糠犹陶铸尧舜，圣君一见神人即忘却天下，目击而道存。故下文引出有用无用之论。

常人被小知所限不能体大道之真。认二元对立的现象为真实，此倒假为真。偶闻修道之论亦不信也。此下士闻道“大笑之”以为狂言也。即使不能驳倒圣论，也必笑虚幻不实、言大而无用也。岂不知常人所思之用，凡境之用也。修道所思之用，圣境之用也。凡境之用，小用也。圣境之用，大用也。

惠子谓庄子曰：“魏王贻我大瓠之种，我树之成而实五石，以盛水浆，其坚不能自举也。剖之以为瓢，则瓠落无所容。（喻庄子之言如无用之大葫芦也。）**非不呺然大也，吾为其无用而掊之。”**（惠子不能体证圣境，故笑庄子之言大而无用。借大葫芦以嘲庄。）

庄子曰：“夫子固拙于用大矣。（庄子回击惠子甚妙。惠子所论者，世俗之用也。庄子即以其矛攻其之盾，从世俗之用出发破其小知之限。先以世俗之大用对比世俗之小用。）**宋人有善为不龟手之药者，世世以洴澼絖为事。**（此世俗之小用也。）**客闻之，请买其方以百金。聚族而谋之曰：我世世为洴澼絖，不过数金。今一朝而鬻技百金，请与之。客得之，以说吴王。越有难，吴王使之将。冬，与越人水战，大败越人，裂地而封之。**（此世俗之大用也。）**能不龟手一也；或以封，或不免于洴澼絖，则所用之异也。**（世俗之用亦有大小之别。）**今子有五石之瓠，何不虑以为大樽而浮乎江湖，而忧其瓠落无所容，**（以大葫芦为腰舟而游乎江湖也。此逍遥游另一喻言也。大葫芦者，修道之智也。江湖者，大道真源也。以智慧为舟而游乎大道。此圣境之妙用也。）**则夫子犹有蓬之心也夫！”**（世人不能悟者，皆因生命本具之智慧被遮蔽也。）

惠子谓庄子曰：“吾有大树，人谓之樗。（无用之树也。）**其大本拥肿而不中绳墨，其小枝卷曲而不中规矩，立之涂，匠者不顾。今子之言，大而无用，众所同去也。”**（惠子又借无用之树以嘲庄。谓庄子之论，不但如无用之樗树，且众所同去也。）

庄子曰：“子独不见狸狌乎？卑身而伏，以候敖者；东西跳梁，不辟高下；中于机辟，死于罔罟。（可叹世人汲汲于世俗之用，匆匆忙忙、慌慌张张，追名逐利，乐此不疲。既不能全生命之真，又往往为俗世所伤，岂不悲夫。）**今夫斄牛，其大若垂天之云，此能为大矣，而不能执鼠。**（执鼠者，世俗之小用也。非斄牛之志也。斄牛即有垂天之志，岂弊弊乎以执鼠为务？）**今子有大树，患其无用，何不树之于无何有之乡，**（内在无我，外在无物，此大道也。）**广莫之野，**（无何有之乡、广莫之野，皆喻大道也。）**彷徨**（不为一物所滞，故曰彷徨。）**乎无为其侧，逍遥乎寝卧其下？**（此逍遥游也。）**不夭斤斧，物无害者，**（与道合一，乘物逍遥，外物又岂能伤尔。）**无所可用，**（弃凡境之小用而成圣境之大用也。）**安所困苦哉！”**（离苦得乐，成就大自在。）

证道之论，世人皆以为大而无用，岂不知此无用之用正是生命大用也。

《逍遥游》以逍遥开篇，以逍遥结篇，此庄学之总纲也。首明内圣，兼及外王，再破有用无用之论。要处只在至人无己。唯其无我，方能不滞一物。若滞一物，则我境两分。不滞一物，则不知何者为我，何者为物，即体即用，理事无碍，物物圆融，虚体不变而妙应随缘，本体不移而影现十方，此诚逍遥之旨也。

6. 万物齐一

前篇《逍遥游》乃庄学之境界，此篇《齐物论》乃庄学之秘要。庄学之最难解者，在此《齐物论》。是论，庄学之要旨也，得此则庄学三十三篇得矣。

“齐物论”何义？万物齐一也。就道体而言，本来一如。一切不生不死，不垢不净，不增不减。若此，又有何差别。即道之妙用而言，（这里的“用”是指现象，存在状态。但这个现象不仅仅是人能感知认知的现象，而是无穷维度空间存在的现象。即道体之妙用。）万物一如，万物互化，一切皆相资相待，互涉互入；此赖彼立，彼赖此存；此中有彼，彼中有此；此可化彼，彼可化此；此即是彼，彼即是此。如此看来，又有什么物与物、物与我之间的差别呢？如能齐同万物，则无人我之别，无物我之别，无物物之别。

为何人们看不到万物齐一？一是因为不见本体，二是因为不见全体，只见局部之现象。所以只看到此处的“朝三”，而不知彼处的“暮四”，合起来却是同一个“混七”罢了。又如甲得了乙的一块玉，在甲而言是得了，在乙而言是失了，但对于天地而言，又何尝有“得”和“失”呢？

然此甚深之境界，非证得而不能亲见。常人因不能证此圣境，所见皆局部之现象，乃于中分别美丑、善恶、成败、得失、苦乐、死生。若能证无我之境，照见万物齐一，则举凡美丑、善恶、成败、得失、苦乐、死生，均可一一齐之。

南郭子綦（得道高人。）**隐几而坐，仰天而嘘，**（隐几者，隐去机心是也。众人不知，仅仅以为是坐具，岂不谬哉？此庄子坐忘方式也。坐忘要者有三，一曰调身、二曰调息、三曰调心。一个“坐”字明调身也。乃姿势。一个“嘘”字明调息也。“隐几”者，调心也。唯有隐去机心才可悟道。唯有隐去机心才能返回本根，去除个人小我俗见之弊，成就超我，实现超觉状态。机心者，认知、妄念也。唯去除妄念方能身心明澈照见真实世界。）**嗒焉**（关闭五官感知，混一于万物之初。）**似丧其耦。**（耦者，对待之物也。颜成子游境界尚低。南郭子綦说丧我比丧耦境界更高。丧耦只是去除对待之物，但自我中心主义仍在。丧我则连我也去除了。）**颜成子**

游立侍乎前，曰："何居乎？形固可使如槁木，而心固可使如死灰乎？（去除感知与认知。）**今之隐几者，非昔之隐几者也。"**（今日入定状态超越以往。颜成子游虽然境界不及南郭子綦，但至少能知道境界的高低。）

子綦曰："偃，不亦善乎而问之也！今者吾丧我，汝知之乎？"（丧我者，既丧形我亦丧心我。形如槁木喻丧形我，心如死灰喻丧心我。唯有心形两忘，方能破俗境之假我而回归于道境之真吾。）

前篇《逍遥游》点出"至人无己"，此篇以"吾丧我"接之。此往返回复，隔篇点破之密旨，叹为观止矣。

我有几个——自我、客我、他我、小我、大我、超我、本我。自我：自己认为的那个我。客我：客观的我。他我：他人眼中的我。小我：格局小的个体。大我：格局大的个体。超我：就是超越的自我，但从另外一个方面说，他没有超越什么，只是回到最初的自己，回到本来的、本初的、根本的那个我。"吾丧我"就是破除了自我、他我、小我、客我、大我，实现超我，回归本我的过程。

哲学有三大终极之问，我是谁？我从哪里来？我往哪里去？因此，若能明我，则众虑皆消矣。

这番对白是南郭子綦在出定后向他的弟子颜成子游说证悟后境界，因为未证之人体会不到这种神妙境界，只有觉悟以后，才能够体会到这种境界。这是什么样一种境界呢？就是无我的境界，无我方能不着一物。不着一物，拥有万物。当人们想着去拥有某个物或某些物的时候，事实上是你把你自己和万物割裂开来了，变成了我和外物两个部分，这个自我就变小了。当你不再想着去拥有任何一物的时候，你实际上就成为万物本身，你和万物合一，没有分别，也就拥有了万物。所以妄想就是分别，无明就是分别。有了分别就分出了“我”和外物两者。有了“我”就会为了这个“我”而获取一些东西，避开一些东西，于是有了喜欢和不喜欢。对自己有利的就喜欢，对自己不利的就嗔恨，于是有了贪嗔痴，于是有了七情六欲，有了喜怒哀乐。岂不知万物原本合一，因为人被遮蔽了，于是把原本合一的东西分裂为两个，有了对待，有了分别，产生了种种的争斗。这就是庄子说的“朝三暮四”的人啊。

7. 天籁之音

上一节，南郭子綦向弟子颜成子游说道妙。盖道本不可言说，今以天籁而明之。

“汝闻人籁而未闻地籁，汝闻地籁而不闻天籁夫！”（常人只知人籁而不能体悟地籁，即体悟地籁而不能证天籁。万物本来齐一，今言境界之高下乃接引世人耳。）

子游曰：“敢问其方。”

子綦曰：“夫大块（大地也。）**噫气，**（吐气也。）**其名为风，是唯无作，作则万窍怒呺。而独不闻之翏翏乎？山林之畏佳，大木百围之窍穴，似鼻，似口，似耳，似枅，似圈，似臼，似洼者，似污者；**（众窍之形也。）**激者、謞者、叱者、吸者、叫者、譹者、宎者、**

咬者，（众窍之音也。）**前者唱于而随者唱喁，泠风则小和，飘风则大和，厉风济则众窍为虚。**（众风鼓动之不同也。）**而独不见之调调之刁刁乎？”**（大风过后树木仍然摆动不止。明明写声音，此处不说听觉，但说视觉，可细品之。）

子游曰：“地籁则众窍是已，人籁则比竹是已。敢问天籁。”

子綦曰：“夫天籁者，吹万不同，而使其自已也。咸其自取，怒者其谁邪？”（比竹者，丝竹管弦也，以此喻人为造作之音，乃人为伪道也。人籁皆为以自我为中心而发的种种言论，这些言论代表的是每个人的“成心”“成见”，其实就是偏心偏见。为什么会有这样的偏心偏见，皆因起二元对立之心，如盲人摸象，不能体大道之全貌，因而各是其是，各非其非。从人籁向上至地籁则破我执，没有了个人自我中心主义，以物呈物，而非以我呈物。以事物本来面目呈现，而不是用人为的方式呈现一个被人改造后的事物。夫人籁有心，地籁无心，地籁高于人籁。然地籁虽妙，尚存众窍之不同。庄子更进一步提到天籁，至于天籁是什么，庄子没有明说，为什么没有明说？因为此境界乃定中所体证之境界，常人未证，不可知也。即使勉强而说，众亦不悟。）

古来注庄者众，然“天籁”一词歧见甚多。世人或从哲学解之，或从文学解之，或从美学解之。或与地籁同解，或含混其词。此庄子证道之境界也，即言证道，非道而谁？此境界岂常人知识可以测度乎？

夫天籁者，以音声而喻道也。在体，则含藏众音。在用，则万声齐鸣。此天籁之音非仅人耳之闻也。盖所谓音声不过是人对机械波的解码而已。宇宙本来之机械波根本就没有声音。天籁不能用耳朵去听，也不是用心去感受，只能用本性觉照。此老子所谓大音希声者也。陶渊明常置无弦琴，此明老庄之意也。一音即出，众音为亏；不着一声，则众声藏之矣。诚如王弼所言：“听之不闻名曰希，不可得闻之音也。有声则有分，有分则不宫而商矣。分则不能统众，故有声者非大音也。”万物皆出于“一”，但因各物不同而不同，正如风吹孔窍，风是一样的风，即一，但孔窍不同而形成不一样的声音，就像因分殊之理而变生万物一样。如风吹大海，水质为一，而浪花之不同也。

故天籁者，无声之声，不着一音，顺任自然之意也。若着于一音，则有我物之分，有我物之分，则不能体大道之真。而人籁者，皆为偏失之见也。

以天籁之无声喻大道之无形，以吹万不同喻道化万物。天籁不失一音，不执一音，以其无偏无私也。故需“无己”“丧我”方能证得。

怒者其谁？自己自取者，明无待之意也。人籁须作，地籁待风，此两者尚存听闻。而天籁则能所两忘，无己无待，既无作者，亦无听者，自化自成，一任自然之天真。庄子以天籁示人，劝喻世人，无偏无私，无作无听，合于大道，则万物皆可齐矣。

二十五圣圆通章以耳根门为妙，庄子亦以耳根法门开演万物齐一之理。可知此山顶之光，众圣同证矣。

8. 未知其萌

齐物者，并非要消灭事物之间的一切差别，而是看见了宇宙实相，此宇宙实相并非简单的划一，而是复杂的齐一；不是局部的“强齐之”，而是全体之真齐；不是平面的齐，而是立体的齐；不是单一的齐，而是系统的齐。齐物之义，有三：一者，就本体而言，一切事物无二无别。二者，就妙用而言，总量相同。只是所见之组合不同罢了。人们不见大道全貌，所以以为不同。就好比甲日做地主、乙日做平民、丙日做奴仆，每日三人各有不同，但皆轮流坐庄。如此来看，又有何不同。总名实而言都一样，总量齐同，但具体到每一时刻、每一人物却有不同。但每时每刻之不同又不碍总量之齐同。三者，现象皆“化”。就现象而言，皆虚幻如梦，梦中之物，彼此互化，虽然了了分明，不过一“化”而已，如此，又有何分别呢？

以下，对人世间之分别我见一一破解之。

这一节具体描绘了境界小的常人的种种形态，每天各是其是，各非其非，争斗不已，产生种种情绪困扰，最终导致心灵闭塞，无法恢复其本具的光明。

大知闲闲，小知间间。（聪明人知识广博，在大的方面去分别。普通人知见浅，在小的方面去分别。）**大言炎炎，小言詹詹。**（辩才好的人盛气凌人。普通人语言琐碎。）

此处“大知”“小知”何义？人类的认识能力在庄子看来可分为三个层次。第一个层次是“小知”，即知识浅薄，认识能力有限；第二个层次为“大知”，即知识广博，能够通过理性的思辨和逻辑推理提升认知层次，但往往二元对立更加严重；第三个层次为“至知”，也就是能够把握世界的本质和整体。在庄子看来，无论“小知”“大知”都是受到经验之知和二元对立的局限，都只是在“物”的范畴，都是“故受黮暗”的“蔽蒙之民”。而唯有达到“至知”才是至人，也即得道者，才能照见世界的实相。

那如何才能从“小知”“大知”到达“至知”呢？庄子说：“离形去知，同于大通。”达到“至知”的唯一途径就是将充满二元对立的“大知”“小知”通通抛却，因为这些“知”是将原本合一的道割裂成物我两分的根本原因。当把一切充满二元对立的“知”“无”掉的时候，即进入“无知”状态的时候，人才能回归到朴素的天性之中，从而“照之于天”“以天合天”，回归到世界的整体，即“道”。

因此“无知”才是“至知”，才是“真知”。“无知”不是什么都不知，而是“无物我之知”，这种“无知之知”不仅仅是对“世俗知”的消解，更是对“物我知”的超越。因为“大知”“小知”皆为假我成心之见。此知是假知。唯有当人突破了对物的层面的“知”，进入到道的境界的“知”，此时的知才是真知。故而庄子对世俗之知多有批判，目的是倡导大家从“物知”向“道知”提升。这份提升其实本质上是一种回归，因为这份“道知”是人人天生本具的，只不过被“物知”遮蔽了而已，当抛却“物知”的时候，“道知”自然显发。其实从更根本而言，至知无知，无知的最高境界包含了对一切知的终极超越，既没有能知之我，也没有所知之物，因为你即是世界的整体。

但须注意的是，“大知”“小知”在文中不同的地方，其含义也不尽相同，世俗之知（包括大知、小知）在至知面前属于小知，至知相对于世俗之知（包括大知、小知）又属于大知。

其寐也魂交，其觉也形开。与接为构，日以心斗。（其，即指上文的大知、小知。他们睡觉的时候精神交错，醒来的时候形体不宁，对境生心，妄念纷飞。）**缦者、窖者、密者。**（人的妄念具备三种形态，一者喜欢攀缘，由此事想到彼事，由彼事想到此事；二者往往深陷其中不能自拔；三者潜藏于潜意识中而不自知。）**小恐惴惴，大恐缦缦。**（产生种种情绪困扰。）**其发若机栝，其司是非之谓也；其留如诅盟，其守胜之谓也；**（念头之动，迅速如瞬。此为是非之本。而一旦是非之念形成，便容易固执己见。）**其杀若秋冬，以言其日消也；其溺之所为之，不可使复之也；**（生命就是在这样的种种情绪中日渐消耗了。世人陷溺其间，不能恢复自然本性。）**其厌也如缄，以言其老洫也；近死之心，莫使复阳。**（此言人时时刻刻被二元对立的小我所执，而不能够体证齐同之境界。）**喜怒哀乐，虑叹变慹，姚佚启态；乐出虚，蒸成菌。**（声为幻声，形为幻形。喻种种情态皆虚幻也。）**日夜相代乎前，而莫知其所萌。**（人时时刻刻被情绪困扰，而不知道它们产生的根源。）**已乎，已乎！旦暮得此，其所由以生乎！**（一旦懂得了它们产生的根源，能够证悟到大道本源，那么这些虚幻不实的种种念头还会产生吗？）

非彼无我，非我无所取。（没有这些心理活动，就体现不出“我”；没有“我”，这些心理现象也无从出现。）**是亦近矣，而不知其所为使。**（若能懂得这个道理，也就接近于真理了。但是还不根本。）**若有真宰，而特不得其眹。可行已信，而不见其形，有情而无形。**

（真宰一词暗批假我。假我虽假，但真我存焉。若能够除去假我之遮蔽，恢复本具之光明，自能照见真我之存在，此真我是确信无疑而又无形无相的。）**百骸、九窍、六藏，赅而存焉，吾谁与为亲？汝皆悦之乎？其有私焉？如是皆有为臣妾乎？其臣妾不足以相治乎？其递相为君臣乎？**

此处接“吾丧我”之论，先批无形，再批有形。以精神（无形）、身体（有形），两层破解，乃明五蕴皆空之意也。此假我即由各种念头和四肢百骸而组成，但一一细识之，竟无一处是我。然此假我之中却喻真道。何解？假我以平等对待身体各个部位，喻大道平等对待万事万物。若只偏一处，则人体即亏。若只偏一物，则大道即亏。

其有真君存焉？如求得其情与不得，无益损乎其真。（然真我即存于此五蕴和合之中，此真我即是道心。在凡不减，在圣不增。无论悟与不悟，不碍其存。）一

受其成形，不亡以待尽。（人由大道化生而来，禀赋天地之气而成人之肉身，既已成肉身，就会执着这个假我于整个生命的过程。）**与物相刃相靡，其行尽如驰而莫之能止，不亦悲乎！终身役役而不见其成功，苶然疲役而不知其所归，可不哀邪！人谓之不死，奚益！其形化，其心与之然，可不谓大哀乎？**（此节间发三问，连发三叹。三问者，类同哲学终极三问。不知其所萌、不知其所为使、不知其所归。三叹者，深陷名利之中，而不能停止，此一叹也；疲惫困苦而不知根源，此二叹也；不见真心，不能照见根本真实，此三叹也。）**人之生也，固若是芒乎？其我独芒，而人亦有不芒者乎？**（悲叹众生颠倒。斥责常人，终身奔竞用智而精神困顿，心灵闭塞，不悟真理大道，昏昧不觉也。）

9. 以明明道

夫随其成心而师之，谁独且无师乎？（成心者，成见也。师者，标准也。世事纷纷，皆因存一“我”字，有“我”乃有“我见”。若以自己的成见作为判断事物的标准，那人人皆有一个属于自己的标准。）**奚必知代而心自取者有之？愚者与有焉！**（知代者，知变化之理也。言举凡智者愚者皆各有标准。）**未成乎心而有是非，是今日适越而昔至也。是以无有为有。无有为有，虽有神禹且不能知，吾独且奈何哉！**（言必先有我见，乃有是非之分别。）

夫言非吹也，（世人之言皆是我见，不若风吹孔窍之自然。）**言者有言，其所言者，特未定也。**（世人之言皆无定准。）**果有言邪？其未尝有言邪？其以为异于鷇音，亦有辩乎？其无辩乎？**（世人之言自以为高明，其实皆是小知之言。）

道恶乎隐而有真伪？（真道隐而伪道显。）**言恶乎隐而有是非？**（至理藏而是非起。）**道恶乎往而不存？言恶乎存而不可？道隐于小成，言隐于荣华。**（小成与大成相对。证道的成就是大成，世俗的成就是小成。如功名利禄，此世人所推崇者，然以道观之，若蓬蒿之间也！若毕其一生用智于此，则离道远矣。言隐于荣华者，言至理为漂亮辞藻所遮蔽。一些人辩才无碍，发言天花乱坠，其实反而离道更远。大道就是在这些世俗的成就与语言中被遮蔽了。世俗越成功，语言越荣华，分别心越重，我见越深。反之亦然。唯有对外物深入细致地分析才能有世俗的成就。唯有对语言的精致运用才能彰显荣华。可是大道原本混沌，无论是对外物深入细致地分析，还是对语言的精致运用，都是在不断增加分别知见，都与大道相背离。故而大道就是在这样的成就与语言中被遮蔽了。而且，这样的成就越高，语言越华美，被遮蔽得就越深。）**故有儒墨之是非，以是其所非而非其所是。**（先秦时代，各国攻伐不已，人民苦不堪言。为治天下，有识之士纷纷举张自己学说，以治理理想之社会。于是百家争鸣。其中尤以儒墨之争最为显著。他们各自肯定对方所非的，非议对方所肯定的。其实，以道观之，他们皆是被小成所盖，被浮言所隐，只见事物之一面。伪道一小成，真道即大亏。此一音即出，众音为亏之意也。）**欲是其所非而非其所是，则莫若以明。**（若要肯定对方所非的，而非议对方所肯定的，这种方式不但无穷无尽且无法彻知真相，这些都不如以空明的心境去观照事物的本然。）

物无非彼，物无非是。（任何一个事物，没有不是“彼”的，也没有不是“是”的。任何事物都具有矛盾对立的两面。）**自彼则不见，自知则知之。**（从他物那方面看不见，从自己这方面来了解就知道了。）**故曰：彼出于是，是亦因彼。**（所以说，彼赖是生，是赖彼存。）**彼是方生之说也。**（这就是彼是共存的道理。）**虽然，方生方死，方死方生；方可方不可，方不可方可；**（矛盾双方不但是共存的，而且是即时相互转化的。）**因是因非，因非因是。**（是非相因而生，有是即有非，有非即有是。）**是以圣人不由而照之于天，**（得道圣人不走这样的路子，而是观照事物的本然。）**亦因是也。**（也是因为这个原因。）

是亦彼也，彼亦是也。（“是”即是“彼”，“彼”即是“是”。）**彼亦一是非，此亦一是非。**（从“彼”的角度来分，又可以分出“是”与“非”。从“此”的角度来分，同样可以分出“是”与“非”。如此，则是是非非无有穷尽。）**果且有彼是乎哉？**（以俗观之，是是非非无穷无尽。）**果且无彼是乎哉？**（以道观之，根本无是无非。）**彼是莫得其偶，谓之道枢。**（若能抛却是是非非，则可以入道矣。）**枢始得其环中，以应无穷。**（譬如进入一圆环之中心。圆环上之是是非非相互对立。但自己在中心却无是无非。在无是无非之处，却又能够因应是是非非无穷之变化。）**是亦一无穷，非亦一无穷也。**（是是非非是无有穷尽的。）**故曰：莫若以明。**（所以，与其去分辨是是非非，不如以本性之光明照之于天。）

万物没有此，也没有彼；皆有此，也皆有彼。因为彼和此是两相对立的，没有了此，那么彼也就不存在了；没有了彼，那么此也就不成立了。所以彼此是不可分割的。彼出于此，但是这个此也赖彼才能呈现。而且彼此是随起随灭，相互转化的。所以圣人不走这种两相对立的认知途径。

在悲叹完众生颠倒之后，庄子进一步提出了两个至关重要的问题，一个是世界的本质是什么？一个是人应该如何认识这个世界？这一节主要所说的就是人应该如何认识这个世界的问题，即庄子的认识论。

庄子的认识论或者说他认识世界的方式是什么呢？那就是“以明”。什么是“以明”呢？“以明”就是以本具之光明觉照一切。庄子认为，走逻辑思辨的路子，去无穷无尽地分析“此”与“彼”，这种认识世界的方式终究不能获得世界的真相。所以圣人不走这样的路子，而是用本性来觉照。因为逻辑思辨的方式是戴着感知与认知的两层幻化的眼镜来看世界的，所见必然虚幻而片面。唯有去掉此双重遮蔽，提升生命这个感受器的性能，方能照见世界本来的样子。此本性之光，人人本具。皆因被妄念层层遮蔽，以致宝珠不发，暗昧不明。若能去弊存真，则朗然彻照矣。

人类认知世界的方式有三种：一种是直觉加经验；一种是逻辑加实验；一种是直接体证。庄子倡导的是直接体证的方式。我们常常说提高认知能力，而提高认知能力的方式，通常是高效地获取知识，系统地整理知识，科学地分析知识。但这种认识世界的方式对于体证而言，恰恰是涂抹了一层层不必要的“底色”，造成了更多的妄念。体证的方式恰恰是要去掉这些不必要的一层层“底色”、去掉这些一层层的遮蔽、去掉这些纷繁的妄念、去掉这些分别知见，照之于天，以明明道。如此才有彻见本来面目的可能。

10. 道通为一

在《齐物论》中，庄子提出了自己的世界观和方法论。前一篇我们论述了庄子的方法论，即如何认识世界的问题。这就是“以明”。本篇庄子提出了自己的世界观。庄子通过“以明”的方式体证了宇宙的实相，这个宇宙的实相是什么呢？原来这个宇宙的实相是道通为一的，这就是庄子的世界观。因此，“齐一”和“以明”就是庄子的世界观和方法论。

以指喻指之非指，不若以非指喻指之非指也；以马喻马之非马，不若以非马喻马之非马也。

天地一指也，万物一马也。

此节为破名家公孙龙的“指物论”“白马论”。庄子认为“指物论”“白马论”虽然已经认识到事物的名相不等于事物本身，但这种论述仍然在“物”的视域中，在名词概念里打转转。这种试图通过揭示事物的名相与属性、共性与个性之间的关系，来认识世界万物的本质的认知方式，是走错了路子，只不过是形与影竞走罢了。而唯有跳出“物”的视域达到“道”的视域，才能从根本上认识到世界万物的本质，这个本质才是根本的实相。而名家想要揭示的本质仍是理念，两者不可同日而语。庄子的“非指”“非马”是“非物”，即“道”。名家的“非指”“非马”强调的是物的名实关系，虽然能够认识到现象并非实在、概念存在局限，但仍在理念的世界当中。故而庄子所说的“以指喻指之非指，不若以非指喻指之非指也”，是说不如从道的视角来认识具象的物的真正本质。

如果说名家对现象与本质、个性与共性的探讨是行与影竞走的话，那么回到道的视角的庄子则形影俱泯。

因此从道的视角来看天地万物，可以是一指，也可以是一马，可以说是任何一物。

名家的“非指”“非马”是对具象的物的实在性的解构，而庄子所说的“非指”“非马”是对人类认知的整个现象世界的解构，两者看似相近，其实相距甚远。

可乎可，不可乎不可。（可有它可的原因，不可有它不可的原因。）

此节破解的是邓析的两可论。邓析的两可论，虽然看到事物的两面性和矛盾性，但陷入了“以是为非，以非为是，是非无度，而可与不可日变”的另一种偏执中。如果说邓析是在是非双方不断跳转的话，那么庄子则是跳出是是非非而把握道的中枢。

道行之而成，物谓之而然。（大道化生万物，人们给予它名称。）

恶乎然？然于然；恶乎不然？不然于不然。物固有所然，物固有所可；无物不然，无物不可。（为什么是？当然有它是的道理。为什么不是？当然有它不是的理由。为什么可？当然有它可的道理。为什么不可？当然有它不可的理由。一切事物本来都有它是的地方，一切事物本来也都有它可的地方。没有什么东西不是“是”，没有什么东西不是“可”。）**故为是举莛与楹，厉与西施，恢诡谲怪，道通为一。**（所以小草和大木、丑女和美女，以及一切奇奇怪怪的事物，以道观之，皆可通而为一。）

这里为了说明道通为一的道理，举了一个例子，比如丑女和美女其实是一样的。为什么这么说呢？比如说从小鸟看来，林子里来了一个人，不管这个人长得丑还是美，小鸟都一样惊慌地飞走了。丑女与美女，在人的视角看来不同，可在鸟的视角看来却是相同的。

其分也，成也；其成也，毁也。凡物无成与毁，复通为一。（道之所分，万物之成，一物之成，即一物之毁，一物之毁，即一物之成。故万物无成无毁，复通为一。）

以树木变成桌子这个例子来略微说明一下无成无毁的道理。把树木做成桌子，对于树木而言是毁，但对于桌子来说是成，若对于整个宇宙来说，本质没有增加一分，也没有减少一分，所以无所谓成，也无所谓毁。

唯达者知通为一，（唯有真正能够体悟宇宙实相的人，才能够知道万物齐一的道理。）**为是不用而寓诸庸。**（庸者，常也，恒常者，道也。）

因是已，已而不知其然谓之道。（融入大道而不自觉融入，方是真正地与道合一。）

为是不用，而寓诸庸。因此不走二元对立的路子，而是融入大道之中。

劳神明为一而不知其同也，谓之朝三。（那么竭尽全力去追求所谓的一致，而不知道它本来就是齐一的，这就是所谓的朝三。）**何谓朝三？狙公赋芧，曰："朝三而暮四。"众狙皆怒。曰："然则朝四而暮三。"众狙皆悦。名实未亏而喜怒为用，亦因是也。**（有一个养猴的人给猴子分配食物，对这群猴子说："早上给你们三升，而晚上给你们四升。"这些猴子听了很生气。养猴的又说："那么早上给你们四升，晚上给你们三升。"这些猴子听了都很高兴。名和实都没有改变，而猴子的喜怒却因而不同。）

朝三暮四则怒，朝四暮三则喜。比喻世人皆不知道通为一之理。对于宇宙而言，朝三暮四与朝四暮三都一样，东西没有增加也没有减少，甚至连名称也没有改变，所以无二无别。可是对于猴子而言就觉得是天大的差别，一怒一喜。世人不也是如此吗？总量没有变化，只是每个生命阶段分得的东西不一样，就有喜怒哀乐的变化，这不是很可悲吗？世人为了此时此间的"朝三"

还是"朝四"争得你死我活，却不明白彼时彼间尚有"暮三""暮四"，合起来皆是一样的"混七"罢了。

庄子的世界观是道通为一，庄子的方法论是以明明道。

是以圣人和之以是非而休乎天均，是之谓两行。（所以圣人不执着于现象的是是非非，而顺乎自然均衡之理，这就叫作"两行"。"和是非"就是消除是非、好坏、对错的对立观点。天均就是天然的平均，就是总量相同，而各阶段分配不同。"两行"者，万事万物即为"混七"之天均，那么朝三暮四可行，朝四暮三亦可行。因任自然而随万象变迁、大化周流。）

11. 未始有物

庄子之言，妙意多方，常常一语而涵盖众义。此一节既是宇宙生成论，又是认识层次论，也是体用之别论。

就宇宙生成论而言，由无而一，由一而分，此老子所言，道生一，一生二，二生三，三生万物者也。就认识层次而论，常人只能认识到现象界的种种是非而不能体大道之妙。再上一层，能够认识到事物有所差别，但却不曾有是非之念。再上一层，认识到世界本来混元一气，无二无别。再往上一层，认识到世界本质为空，空含万有，万有即空。而体悟大道的方式，并非滑疑之耀的小聪明，而是以明明道的大智慧。

古之人，其知有所至矣。（上古博大真人，他们以生命之智慧照见了这个宇宙人生的终极真相。）**恶乎至？**（这个终极真相是什么呢？）**有以为未始有物者，至矣，尽矣，不可以加矣！**（世界的本质是“无”。这个“无”并不是一无所有的顽空，而是能够含藏万有的存在状态。）**其次以为有物矣，而未始有封也。**（由道而生一，此一混元一气，无有分别。）**其次以为有封焉，而未始有是非也。**（一生二，虽有分别，然无有人为伪见。）**是非之彰也，道之所以亏也。**（于是是非纷起，真道即亏。）**道之所以亏，爱之所以成。**（大道之亏的原因乃是人的欲望产生的。一念无明而将混一分为我物。即有我，必爱欲，爱欲一起，是其所是，非其所非，于是大道割裂了。）**果且有成与亏乎哉？果且无成与亏乎哉？**（当然根本来说，道无成无亏。这里说成亏，乃权宜之说。为了彰明大道，劝喻世人，不得不说耳。）**有成与亏，故昭氏之鼓琴也；无成与亏，故昭氏之不鼓琴也。**（如果从道的成亏来说，可以举昭文鼓琴的例子。昭文鼓琴，一鼓就亏了，为什么呢？不可能把所有声音都呈现出来，所以只要一鼓琴，道就亏损了。一音即出，众音为亏。）**昭文之鼓琴也，师旷之枝策也，惠子之据梧也，三子之知几乎，皆其盛者也，故载之末年。唯其好之也以异于彼，其好之也欲以明之。彼非所明而明之，故以坚白之昧终。**（这里举了三个世俗成就者，这些人都是凭借某一项技能而闻名天下的。但道隐于小成，就在这样的技能成就中，朴素的大道反而被遮蔽了。）**而其子又以文之纶终，终身无成。若是而可谓成乎？虽我亦成也；若是而不可谓成乎？物与我**

无成也。（若以一音之出而为成，则人人皆有一音，人人皆有所成也。若以一音即出而有亏，则人人皆有亏，而不可谓成矣。）**是故滑疑之耀，圣人之所图也。**（滑者，不定也。疑者，非真也。滑疑者，喻纷纷乱乱的现象界。滑疑之耀者，二元对立之知也。此世俗以为“大知”者，却不是生命的根本智慧，只是分别知见。不能用本性之光辉觉照万物，因此不能彻见宇宙真相。因此，这样的聪明是得道圣人所摒弃的。）**为是不用而寓诸庸，此之谓“以明”。**（所以得道圣人不采用这样认知世界的方式，而是将自己融入大道之中，这就是用本性之光明照之于天的意思。）

12. 根本圆融

今且有言于此，不知其与是类乎？其与是不类乎？类与不类，相与为类，则与彼无以异矣。（现在在这里说的这一番关于真理的理论，不知道和其他世俗的理论是同一类呢，还是不同一类呢？不管是不是同一类，既然是语言系统，那么都算是同一类了。）

此节劝喻世人不要执着于任何语言，包括庄子自己的言论。不仅对世俗理论不要执着，对这些真理理论也不要执着。因为道本不可说，只要一说就如昭文鼓琴，就有所缺失了。所以不要执着任何的语言文字，这些都是指月之指。

虽然，请尝言之：（但是为了接引世人又不得不强为之说。）**有始也者，有未始有始也者，有未始有夫未始有始也者；**（反复推演，以明道自本自根。）**有有也者，有无也者，有未始有无也者，有未始有夫未始有无也者。俄而有无矣，而未知有无之果孰有孰无也。今我则已有有谓矣，而未知吾所谓之其果有谓乎？其果无谓乎？**（反复推演，以明道有无一体。）

此一节是说，道无始无终，即无而有，即有而无，非有非无，非非有，非非无。目的是要破除人们对“有”“无”的执着和分别。因为在根本的真实中，根本没有所谓的“有”，也没有所谓的“无”；没有所谓的“体”，也没有所谓的“用”。之所以说有说无，是为了适应人的思维、人的语言系统，为了劝喻世人、接引世人，应俗而说。

天下莫大于秋豪之末，而太山为小；（上一节，破有无之别、破根本之见，这一节又破时间、空间和万物。从空间而言，世人皆知毫毛小而泰山大，可是这是世俗之眼光，若以道观之，这泰山可能极小而毫毛可能极大。这与常识相悖，世人多有不解。此悟道之言，常人不知也。若以维度理论解之，虽不根本，然略可启迪。譬如一物体在四维空间投影而成三维物体。与投影光源近者投影大，与投影光源远者投影小，如此，投影的大与小与实际物体的大与小并不成正比。）**莫寿于殇子，而彭祖为夭。**（此处再破时间观念。）**天地与我并生，而万物与我为一。**（此处再破天人之别、物我之别。我与天地一样，同时存在，无始无终。万物与我相同，道通为一，无二无别。）**既已为一矣，且得有言乎？既已谓之一矣，且得无言乎？一与言为二，二与一为三，自此以往，巧历不能得，而况其凡乎？故自无适有，以至于三，而况自有适有乎？无适焉，因是已！**（既明白道通为一的道理，还需要再言说吗？既然已经说了道通为一，那也不能说是没有言论了。道通为一的真实与我所言说的道通为一的理论就变成了两者。这两者再加上大道本然就成了“三”。这样继续往下推演，就是最善巧的数学家也不能得出最后的数目，何况是普通常人呢。从无到有，已经生出三个名称了，何况从有到有呢。不要再走这样不断分别的路子了，还是融入大道之中，顺任自然吧。）

以上几节意义甚深，引导世人不断向上攀登，破有无、破根本、破时间、破空间、破万类。庄子将所有的分别之见一一破解。行文至此，方才物我两忘，体用皆空，能所俱断，根本圆融。

夫道未始有封，言未始有常，为是而有畛也。请言其畛：有左有右，有伦有义，有分有辩，有竞有争，此之谓八德。六合之外，圣人存而不论；六合之内，圣人论而不议；春秋经世，先王之志，圣人议而不辩。（大道原本是没有界限的，语言原本是没有定说的，因为有了成心，大道就被割裂了。于是画出了许多界线，如左右、伦常、法度、分别、辩论、竞言、争执。天地以外的事情因为不能言说，所以圣人是存而不论的；天地以内的事情，圣人只论说，但是不妄加评议；春秋史实乃是先王治世的记载，圣人只是客观地评议，但是不去争辩是非对错。）

故分也者，有不分也；辩也者，有不辩也。曰：何也？圣人怀之，众人辩之，以相示也。故曰辩也者，有不见也。（事物一去分别，就有分别不能知道的；一去辩论就有辩论不能到达的。为什么呢？因为你一分别，原本一体的道就被遮蔽了，从而不能体大道之全。因而得道圣人认识世界的方式是默默体悟大道，而常人总是争论不休。）

夫大道不称，大辩不言，大仁不仁，大廉不嗛，大勇不忮。（所以大道不可称名，不可言说，无所偏爱，不自夸于人，与物无伤。此处，不称、不言、不仁、不嗛、不忮，乃言道，非攻非守，无偏无私，不可言说。）**道昭而不道，言辩而不及，仁常而不成，廉清而不信，勇忮而不成，五者园而几向方矣。**（此处再言，昭、辩、仁、廉、忮，必弃之乃可得道。）**故知止其所不知，至矣！孰知不言之辩，不道之道？若有能知，此之谓天府。注焉而不满，酌焉而不竭，而不知其所由来，此之谓葆光。**（天府者，道也。以化生万物故。葆光者，天光也，智慧也。人人本具故曰天光，隐而不现故曰葆光。若能体证，则可知大道原本不增不减、无来无去，若天然府库。而此能知之心，即是隐藏的智慧光明。）

13. 物无同是

此一节为破二者。一者破认识论。盖世俗之知即非真知。二者在上一节破自我中心主义之后，再破人类中心主义、万物中心主义。是此，不执一物方能与道合一。

啮缺（啮者，喻语言也。缺者，偏失也。喻一开口，道即失也。）**问乎王倪曰：**（倪者，端也。王倪者，道之端也。）**"子知物之所同是乎？"**（你知道万物有一个共同的标准吗？众人皆在争一个"是"字，如此必然要有一个共同的标准，故有此问。）

曰："吾恶乎知之！"（以不知而喻万物根本没有统一的标准。）

"子知子之所不知邪？"（人能够认识自己所不明白的事物吗？）

曰："吾恶乎知之！"（以不知而破众人的认识论。）

“然则物无知邪？”（那么万物就没有办法知道了吗？）

曰：“吾恶乎知之！（道不可言，可言非道。）**虽然，尝试言之：**（为唤醒世人，借言喻道。）**庸讵知吾所谓知之非不知邪？庸讵知吾所谓不知之非知邪？**（我怎么知道我所说的“知”不是“不知”呢，我怎么知道我所说的“不知”不是“知”呢？“知”即是“不知”，“不知”即是“知”。盖众人之“知”并非真知，故其“知”即是“不知”。而至人与道合一，能所两忘，既无能知之我，亦无可知之境，故曰“不知”，此乃真知也。故其“不知”即是“知”。此妙语待后文隔篇点破。）**且吾尝试问乎汝：民湿寝则腰疾偏死，鳝然乎哉？木处则惴慄恂惧，猨猴然乎哉？三者孰知正处？**（人睡在潮湿的地方就会患腰痛或半身不遂，泥鳅并不会这样。人爬上高大的树木就会惴惴不安，猿猴却不会这样。这三者，以何为标准呢？）**民食刍豢，麋鹿食荐，蝍蛆甘带，鸱鸦耆鼠，四者孰知正味？**（再论从饮食来看，没有统一的标准。）**猨猵狙以为雌，麋与鹿交，鳝与鱼游。**（再论从交配来看，没有统一的标准。）**毛嫱、丽姬，人之所美也；鱼见之深入，鸟见之高飞，麋鹿见之决骤，四者孰知天下之正色哉？**（此处再破美丑之别。毛嫱和西施是世人认为最美的，但是鱼见了就要慌乱地躲入水里，鸟见了就要惊恐地高飞，麋鹿见了就要急速地逃走。这四种动物对“美”的标准都不相同。）**自我观之，仁义之端，是非之涂，樊然殽乱，吾恶能知其辩！”**（以此观之，仁义的论点，是非的途径，各有其是，各有其非，哪里有一个统一的标准呢？）

啮缺曰：“子不知利害，则至人固不知利害乎？”（你没有办法分辨是非，那么得道的至人也没有办法分辨是非吗？）

王倪曰：“至人神矣！大泽焚而不能热，河汉冱而不能寒，疾雷破山、飘风振海而不能惊。若然者，乘云气，骑日月，而游乎四海之外，死生无变于己，而况利害之端乎！”（至人妙用无穷，山林焚烧而不能使他感到热，江河冻结而不能使他感到冷，雷霆震撼山岳而不能使他受到伤害，狂风掀起海浪而不能使他感到惊恐。

得道的至人，在云气之中、日月之上、四海之外，生死的变化对他没有任何影响，又怎么会去分辨世俗世界的是是非非呢？）

瞿鹊子问乎长梧子曰：“吾闻诸夫子：圣人不从事于务，不就利，不违害，不喜求，不缘道，无谓有谓，有谓无谓，而游乎尘垢之外。（圣人不被俗务所执，超然利害之外，无欲无求，亦不执着于修道，无所谓有，也无所谓无，遨游于大道之乡。）**夫子以为孟浪之言，**（夫子者，孔子也。孔子乃世俗之圣贤，并非得道之圣人，故不知至人之境界也。）**而我以为妙道之行也，**（瞿鹊子，理悟者，未证得。知其妙理，未得妙境。）**吾子以为奚若？”**

长梧子曰：“是黄帝之所听莹也，而丘也何足以知之！（此妙境黄帝尚且不解，孔丘何能知之？）**且汝亦大早计，见卵而求时夜，见弹而求鸮炙。予尝为汝妄言之，汝以妄听之奚？**（听闻妙理与证得妙境，相差何止十万八千里。）**旁日月，挟宇宙，为其吻合，置其滑涽，以隶相尊。众人役役，圣人愚芚，参万岁而一成**

纯。（圣人光同日月，怀抱宇宙，齐同万物，世俗是非置之于外，无有贵贱，物我两忘。众人被假我役使，一生辛苦奔忙。圣人纯朴天真，悟道为一。）**万物尽然，而以是相蕴。**（万物皆在此大道之中相互蕴生。）

世人争是论非，必赖一标准而判别之。然世间万事万物并无统一标准，既无统一标准，则是非何存。

14. 丽姬悔泣

此一节，含义甚深，明人生如梦，破生死之谜。

第一层意思，生寄死归。人人皆惧死而乐生。岂不知生如寄，死如归！死就像回到阔别已久的家乡，而生恰恰是如打小流浪在外的流浪儿。人们惧怕死亡，就像流浪在外的流浪儿迷恋异乡的风光而不肯回到自己的家乡一样。

第二层意思，死乐生苦。借丽姬婚前婚后的生活对比，说明死其实比生更快乐。人们惧怕死亡，就像丽姬当初害怕婚嫁一样愚蠢。

第三层意思，死生如梦。更进一步地指出，所谓生啊死啊，都是在梦中而已，人人皆在梦中，生死如旦暮之梦也。梦中复又做梦，梦梦相继，无有了期。人生若没有觉悟，只不过从此梦进入彼梦而已。觉而后知是在梦中，此觉是俗觉；有大觉而后知大梦者，此觉乃是真觉。

“予恶乎知悦生之非惑邪！予恶乎知恶死之非弱丧而不知归者邪！（我怎么知道贪生不是迷惑不知呢？我怎么知道怕死不是像自幼流落在外的人而不知返回家乡呢？弱丧一词颇可细思。）**丽之姬，艾封人之子也。晋国之始得之也，涕泣沾襟，及其至于王所，与王同匡床，食刍豢，而后悔其泣也。予恶乎知夫死者不悔其始之蕲生乎？**（有一个美丽的姑娘，父亲是镇守艾地的人。晋国的国君听说她很漂亮，就把她抢去当了妃子。当国君刚迎娶她的时候，她又悲伤、又恐惧，把衣服都哭湿了。等到后来她到了皇宫，与国王同床共枕，吃的是甘美的鱼肉，过着幸福的生活，反而后悔当初的哭泣了。谁能够知道那些死去的人不后悔自己当初不应该如此地惧死乐生呢！）

“梦饮酒者，旦而哭泣；梦哭泣者，旦而田猎。（梦中很快乐的人，可能在醒后活得很痛苦；梦中很痛苦的人，可能在醒后活得很快乐。此明觉梦之别也。）**方其梦也，不知其梦也。**（当人在梦中却不知道自己是在做梦。喻世人皆在梦中也。）**梦之中又占其梦焉，觉而后知其梦也。**（梦中又再做梦，觉后方知是梦。）**且有大觉而后知此其大梦也，而愚者自以为觉，窃窃然知之。**（只有真正证悟的人才能够知道人生就是一场大梦，而众人却自以为自己什么都知道。）**‘君乎，牧乎！’固哉！**（什么帝王将相、功名利禄、富贵荣华，人们追求的这些东西只不过是梦境罢了。）**丘也与汝皆梦也，予谓女梦亦梦也。**（孔丘和你都是在做梦，我说你在做梦，这句话也是在梦中所说的呀。）**是其言也，其名为吊诡。**（非证，常人必不信也。）**万世之后而一遇大圣知其解者，是旦暮遇之也。**（也许经过万世之后遇到一位大圣人，了悟这个道理也如同朝夕相遇一样平常。）

此一节，与常理相悖，世人多不解者，其实，此乃庄子体证后之言也。庄子以以明功夫照破生死迷途，如梦如幻。生死乃现象也，从根本而言，生死若从此梦入彼梦，皆梦境耳。

15. 寓诸无竟

此一节重在破语言论。寓意通过人类的语言是无法认知世界的真相的。盖言论皆是我见，此人籁也，偏见存焉。从此的一方面看是对的，彼就是错的；从彼的一方面看是对的，此就是错的。世人皆从自己的一方来看待事物，各是其是，各非其非，以致辩论不休。然而世界并没有绝对的对错。接着庄子给出了解决之道：和之以天倪。做到是其是，非其非，然其然，不然其不然，无须辩论。忘记是是非非，遨游于无穷的境地，与道合一。

“既使我与若辩矣，若胜我，我不若胜，若果是也，我果非也邪？我胜若，若不吾胜？我果是也？而果非也邪？其或是也？其或非也邪？其俱是也？其俱非也邪？（假如我和你辩论，你胜了我，我没有胜你，你果然是对的吗？我果然是错的吗？我胜了你，你没有胜我，我果然是对的吗？你果然是错的吗？是我们两个人之中有一个人是对的，有一个人是错的呢？还是我们两个人其实都对，又或者都错呢？）**我与若不能相知也。**（我和你皆属偏见，且意见不一，均不能知真正之真理。）**则人固受其黮暗，**（人人本具之光明，被妄念所遮蔽，以致暗淡不明，不能照见根本真实。故有偏见，有偏见乃有偏言，于是争论存矣。）**吾谁使正之？**（皆为偏见何能正之。）**使同乎若者正之，既与若同矣，恶能正之？**（假如请意见和你相同的人来评判，他已经和你相同了，怎么能评判呢？）**使同乎我者正之，既同乎我矣，恶能正之？**（假如请意见和我相同的人来评判，他已经和我相同了，怎么能评判呢？）**使异乎我与若者正之，既异乎我与若矣，恶能正之？使同乎我与若者正之，既同乎**

我与若矣，恶能正之？（假如请意见和你我都不同的人来评判，他已经和你我都不同了，怎么能评判呢？假如请意见和你我都相同的人来评判，他已经和你我都相同了，怎么能评判呢？）**然则我与若与人俱不能相知也，而待彼也邪？”**（那么我和你以及其他人都不能评定是非标准了，还等待谁呢？前文谁能正之，为此处“待彼”也。彼者，应前文所言大觉之圣人也。此道之人格化也。喻根本真实非证不知也。前言人生如梦，此处喻世人所思所论皆梦中之语耳。）

“黮暗”，至暗也。庄子选择用这个字大有深意。左边为黑，表明为黑暗；右边为甚，表明是一种特别的黑暗，至极的黑暗。

这是庄子的一大隐喻。庄子喜欢用光明与黑暗来比喻人的觉悟与否。觉悟的人，就像在光明中可以明明白白看见一切。未悟的人，就像在黑暗中不可能看见清晰的世界。而这份能见世界真实的光明就是生命本具的智慧。

黑暗可以分为四个层面。没有照明物体是物理的暗；眼睛有问题是生理的暗；陷溺名利不能自拔，是心理的暗；不能觉悟宇宙人生的实相是智慧的暗。这智慧的暗才是黑暗中最黑暗的。“则人故受黮暗”点醒世人皆在此至暗之中，自然不能觉照世界的真实。此即无明之意也。

同样的，光明亦可分为四个层面。有照明物体是物理的明；眼睛明亮是生理的明；心胸豁达是心理的明；觉悟真实是智慧的明。这智慧的明才是光明中最光明的，是至极的光明，是“照之于天”“莫若以明”的“天明”。从“黮暗”到“天明”的方式叫作“以明”。这份光明其实人人天生本具，所以叫作“天光”，“天光”的运用叫作“照”，即用这份“天光”来觉照世界的真实。但这份“天光”隐藏起来了，所以叫作“葆光”，潜藏的光明。为什么这份光明会潜藏呢？那是因为我们整日“与物相刃相靡”，而一些“大知”之人的“格物之知”又不过是“滑疑之耀”，只会让本性的光明隐蔽得更深。那如何才能启用“天光”呢？庄子说，“宇泰定者，发乎天光”。“宇”是指心宇，“泰定”是指极致的宁静，意思是只有在妄念全息的甚深宁定中，达到“致虚极，守静笃”的境界，才能启用“天光”，于是“虚室生白，吉祥止止”。“虚室”是指空明的心境，“白”即是这份智慧光明。一旦启用这份“天光”，就可以照破一切的黑暗，而开显根本的真实。

“莫道此生沉黑海，性中自有大光明。”世人虽沉沦于“黮暗”的黑海，但本性之中自有圆照一切的至大光明。所谓“千年暗室，一灯即明”。

当然这也是一种方便言说，说天说人，说明说暗，不过是为了启迪世人。

“黮暗”，暗扣北冥，喻极幽暗之地。这是物的视域，即此岸无明。“天明”，暗扣南冥，喻极光明之地。这是道的视域，即彼岸光明。然而“北冥者，天池也”“南冥者，天池也”，北冥、南冥本一也。如庄子所言：“夫圣人未始有天，未始有人，未始有始，未始有物。”根本来说，没有所谓的天然与人为，没有所谓的明与暗。“无无明，亦无无明尽”“无智亦无得”。

“何谓和之以天倪？”曰：“是不是，然不然。是若果是也，则是之异乎不是也亦无辩；然若果然也，则然之异乎不然也亦无辩。（万物皆有“是”有“非”，有“然”有“不然”。是果真是，是就和不是有区别，这样就无须辩论；然果真是然就和不然有区别，这样也无须辩论。此顺任自然之意也。）**化声之相待，**（人言皆化声也。此幻化之音，非天籁之音也。相待者与无待相对也。无我则无待，有我则相待。）**若其不相待，和之以天倪，**（天倪者，天均也，道也。和之以天倪者，前文休乎天均者也。大道总齐，故曰天均。化生万物，故曰天倪。众音无亏，故曰天均。吹万不同，故曰天倪。天均者，混七也。天倪者，朝三暮四，朝四暮三也。）**因之以曼衍，**（道一而化生分殊之理，次第推演变化。）**所以穷年也。忘年忘义，**（忘年者，忘生死也。忘义者，忘是非也。）**振于无竟，**（振者，大鹏逍遥之态也。无竟者，无境也。此广漠之野、无何有之乡，大道之原也！）**故寓诸无竟。”**（是故圣人之道无他，但融于大道之中耳。）

16. 庄周梦蝶

罔两问景曰："曩子行，今子止；曩子坐，今子起。何其无特操与？"（影外微影对影子说，先前你移动，现在又停下来；先前你坐着，现在又站起来。你怎么这样没有独立的意志呢？）

景曰："吾有待而然者邪？吾所待又有待而然者邪？吾待蛇蚹蜩翼邪？恶识所以然？恶识所以不然？"（影子回答说，我因为有所依待才会这样子吗？我所依待的东西又有所依待才会这样子吗？我怎么能知道为什么会这样？我怎么能知道为什么不会这样呢？万物有待，故无自性。众生皆梦，故不能觉。）

此一节，在说明人生如梦之后，再说人生如影。罔两是影子的投影，影子是人的投影，那么人呢，又是更本质事物的投影。所以我们所感知的这个现象世界只不过是本体的投影罢了。

昔者庄周梦为胡蝶，栩栩然胡蝶也，自喻适志与！不知周也。俄然觉，则蘧蘧然周也。不知周之梦为胡蝶与？胡蝶之梦为周与？周与胡蝶则必有分矣，此之谓物化。（从前庄周梦见自己变成了一只美丽的蝴蝶，在大自然中翩翩飞舞着，逍遥自在，根本不知道自己其实是庄周。忽然醒过来，才发觉原来自己是庄周。不知道是庄周做梦变成了蝴蝶，还是蝴蝶做梦变成了庄周。庄周和蝴蝶是有所分别的，这种转变就叫作“物化”。）

此《齐物论》精妙之语，含义甚深。在说明了人生如梦、人生如影之后，更进一步说明万物互化之理。

此一节有三层含义：第一层意思庄蝶皆梦；第二层意思庄蝶互化；第三层意思庄蝶无碍。

人们只知道蝴蝶是庄周的一个梦，却不知道庄周也是蝴蝶的一个梦，所以庄周与蝴蝶皆在梦中。蝴蝶不知道自己是不是在梦中变成了庄周，庄周也不知道自己是不是在梦中变成了蝴蝶，所以人不可能知道世界的真实与虚幻。唯有证后方知。

进而庄周可以变化为蝴蝶，蝴蝶亦可以变化为庄周，庄周与蝴蝶之变化，皆在一梦（一念）之间也。

更进一步来看，庄周与蝴蝶一体而同在。只是人们被妄念遮蔽不能体大道之全体真实，只能或只见庄周，或只见蝴蝶，不知庄周、蝴蝶同在无碍之境也。庄子以以明之功夫，照见万物齐一之根本真实境界，此境界观万事万物一切相即相入，此彼互化，圆融无碍。

《齐物论》以“丧我”发端，乃知无我方能证得万物齐一之境；以“物化”而为结语，乃明全成万物圆融之理也。唯无我方能齐物，即齐物何来物我之别？“丧我”者，破我执；“齐物”者，破分别心。以无我而致无分别心。有我则有分别，无我则无分别。有分别则有我有待，庄蝶两分。无分别则无我无待，庄蝶一如。

《逍遥游》者，庄子之志也。《齐物论》者，庄学之理也！庄子以“以明”功夫，照破“黮暗”，证“无我”“无待”之境，乃知世间是是非非、彼此之别，皆机心所发之人籁也。此一音既出，众音为亏，不能体大道之全真。以俗谛观之，则万物纷纭，虽为天倪必以天均。以圣谛观之，则万物如梦如影，一体同在，相即相容，故道通为一，万物不二。

17. 庖丁解牛

此一节，歧见颇多。此养生非世俗之养生调理也。此乃一大譬喻也。明喻游世之道，暗喻证道之方。而其来源于修养实践中气机之修炼。

吾生也有涯，而知也无涯。（此“知”者，乃《齐物论》通篇所斥之俗知也。常人认识世界的方式总是以俗知分辨是是非非。）**以有涯随无涯，殆已！已而为知者，殆而已矣！为善无近名，为恶无近刑。缘督以为经，**（督者，人体督脉也，以喻中道。）**可以保身，可以全生，可以养亲，**（亲者，神也。）**可以尽年。**

人的生命是有限的，而是是非非的分辨是无穷的。以有限的生命去追求万事万物是是非非的分辨，就会弄得很疲惫，既然这样还要再去分辨是是非非，就会弄得更加疲惫不堪了。所以人应该停止对这些俗知的追求，而回归于中道，执守中道。如此，则跳出是非，刑名两逃。此全生之道也。

庖丁（庖丁者，得道圣人也。）**为文惠君解牛，**（牛者，道也。大而为道之全体，中而为世间社会，小而为日常之用。）**手之所触，肩之所倚，足之所履，膝之所踦，砉然向然，奏刀騞然，**（刀者，形骸也。）**莫不中音，合于《桑林》之舞，乃中《经首》之会。**（中音者，喻中道也。中《经首》之会者，喻中道也。此喻得道圣人何以如此妙用者，中道也。）

文惠君曰："嘻，善哉！技盖至此乎？"（文惠君不知，乃以技称之。）**庖丁释刀对曰："臣之所好者道也，进乎技矣。**（言此非技也，道也。）**始臣之解牛之时，所见无非全牛者，**（未证之前，只见现象不见本质。）

三年之后，未尝见全牛也；（已证之后，越过现象直见本质。）**方今之时，臣以神遇而不以目视，官知止而神欲行。**（感知认知俱止，而以觉知存焉。）**依乎天理，**（天然之理。）**批大郤，导大窾，**（郤，间隙。窾，空处。以喻游乎空处。）**因其固然。**（因任自然。）**技经肯綮之未尝，而况大軱乎！**（言道之妙，悠游无碍。）**良庖岁更刀，割也；族庖月更刀，折也；今臣之刀十九年矣，所解数千牛矣，而刀刃若新发于硎。**（好的厨子一年换一把刀，他们是用刀去割筋肉；普通的厨子一个月换一把刀，他们是用刀去砍骨头；现在我这把刀已经用过十九年了，所解的牛有几千头了，可是刀还是像新的一样。此凡圣之对比也。相割相折者，喻齐物论之"与物相刃相磨"者也。常人与物相刃相磨，因而天光不启，为物所伤。圣人与物两两相忘，因而天性得全，与物无伤。）**彼节者有间而刀刃者无厚，**（无厚，喻无我。）**以无厚入有间，**（间者，空也。喻大道。）**恢恢乎其于游刃必有余地矣。**（以无我而游乎大道之中。）**是以十九年而刀刃若新发于硎。虽然，每至于族，吾见**

其难为，怵然为戒，视为止，行为迟，动刀甚微，（虽得道而不骄。）**謋然已解，如土委地。提刀而立，为之四顾，为之踌躇满志，善刀而藏之。”**（虽得道而不轻露，此含藏之意也。）

文惠君曰：“善哉！吾闻庖丁之言，得养生焉。”（文惠君听了庖丁的话，得全生之道。）

此一节，庖丁解牛，妙义多方。庖丁，得道之圣人也，刀乃是身体，牛是指道。刀游于牛，如人游于世，游于道。而如何才能游于万物而不被物所伤，必待中虚（有间）之道，只有中虚（有间），才能游刃有余。如何才能得此中虚之道？只有关闭五官之感知，升起本性之觉照，才能识得道体，游乎中虚。何以故？抛弃人我之欲，顺乎自然也。如此，物何伤之。悟道之前所见无非是牛（现象），悟道之后所见未尝全牛（本质）。人游于世亦当依乎天理，因其固然，顺道而为。否则，必为物所伤。另外，即使是悟道，也不可夸耀于人，应善刀而藏之。将自己藏于众人之中，藏于俗世之中，藏于大道之中。

如此方是逍遥之道也!

若细识之，就性功而言，“官知止而神欲行”。感知与认知全部停止，根尘脱落，一念灵明觉照。就命功而言，从《逍遥游》的“北冥”“南冥”至此方隔篇点破“缘督以为经”，此“北冥”“缘督”而至“南冥”者，乃小周天也。而刀游于牛者，乃气机通达全体之谓也，此大周天也。就处世而言，则“依乎天理，因其固然”，方可保身全生。就境界而言，必无厚（无我）入有间（中虚），方证成大道也。以上四者，唯有“官知止而神欲行”的根尘脱落功夫为庄子所力倡。而“无厚入有间”乃此境界。至于气机炼养与保身全生之道，乃修道过程中借假修真的方便而已，非主旨思想，不可执着其间。盖庄子所倡导者，乃是直指人心顿超直入，为最上一乘虚无大道。后学多主命功者，乃由因证果。庄子力倡性功者，乃摄因入果。性功成就，命功自成。

18. 薪火相传

在上一节言全生之道后，又恐人执着于形骸，故以下三节为破执着耳。盖世人所苦者，残、穷、死也。于是立此三节以破之，可谓随立随扫。右师独脚，旨在破除对形体的执着。野鸡穷困但自在逍遥，旨在破除对外物的执着。秦失三号，旨在破除对生死的执着。人生世上，应时而来，顺时而去，此皆气之聚散，而道之所成也。若明理者，方可安时而处顺。安时而处顺则纵浪于大化之中，无生无死，无苦无乐，生生不已，化化无穷也。

公文轩见右师而惊曰："是何人也？恶乎介也？天与？其人与？"（右师是个独脚的人。公文轩看见右师惊奇地说，这是什么人啊？怎么会只有一只脚呢？是天生的，还是后来人为的呢？）**曰："天也，非人也。天之生是使独也，人之貌有与也，以是知其天也，非人也。"**

（公文轩想了想，自言自语地说，应该是天生就是这样，并不是人为的。人的形貌是天赋予的，所以知道是天生的，而不是人为的。）

泽雉十步一啄，百步一饮，不蕲畜乎樊中。神虽王，不善也。（水泽里的野鸡走十步才吃到一口食，走百步才喝到一口水，可是虽然这样，却并不祈求被养在笼子里。因为养在笼子里，精神虽然旺盛，但是不自在。）

老聃死，秦失吊之，三号而出。

弟子曰："非夫子之友邪？"

曰："然。"

"然则吊焉若此可乎？"（老聃死，他的朋友秦失前往吊唁，只哭了三声就出来了。其弟子以为秦失薄情至此。而秦失以为其弟子悖情至此。所言薄情者，人之情也。所言悖情者，天之情也，自然也。）

曰："然。始也吾以为其人也，而今非也。（先前以为老子的弟子皆为修道之人，如今看来皆常人也。）**向吾入而吊焉，有老者哭之，如哭其子；少者哭之，如哭其母。彼其所以会之，必有不蕲言而言，不蕲哭而哭**

者。（众人如此悲伤，必有不愿哭而哭者。）**是遁天倍情，**（这是逃避自然，违背实情。）**忘其所受，**（忘了生命本来受之于天。）**古者谓之遁天之刑。**（古时候称不愿死的行为是想逃避宇宙大化。）**适来，夫子时也；适去，夫子顺也。**（顺时而来，顺时而去。）**安时而处顺，**（人们应当安然处之。）**哀乐不能入也，**（不起苦乐之情。）**古者谓是帝之县解。"**（古时候称这是解除倒悬之苦。正如陶渊明所说："纵浪大化中，不喜亦不惧。应尽便须尽，无复独多虑。"此得庄学之旨也。）

指穷于为薪，火传也，不知其尽也。（指者，众人皆注为"脂"，以为烛薪，皆误也。指者，手指也。指穷于为薪，手忙着不断地添加柴火，以让火不熄也。此喻形有尽而性无穷。盖宇宙大化，生生不已，化化无穷。外在虽变化不已，本质却不增不减、不生不死、不垢不净。何苦乐之有哉？）

生命是一个相似相续的存在。就好像苹果。这个苹果坏了，然后苹果的种子种在了地里，然后又长成了苹果树，苹果树上又结出了苹果，于是这个世上的苹果生生不息。但是每一个具体的苹果呢，却是在不断地生成与毁灭。你不能说后一个苹果就是前一个苹果，但是也不能说后一个苹果就和前一个苹果完全没有关系，这就是相似相续的存在。瀑布、河流也是这样，这一刻的瀑布、河流和下一刻的瀑布、河流不完全一样，但是又不能说下一刻的瀑布、河流和前一刻的瀑布、河流毫无关系。薪火相传也是这样。“指穷于为薪，火传也，不知其尽也。”木柴也是一段一段的，烧完了以后也就变成灰烬了，但是火却留了下来，永远地传递下去。

19. 己存存人

此《人间世》为言圣人处世之道也。修道者处乎世间，既要保身全生以借假修真，又需避免世俗繁杂的打扰。庄子提出应俗良方：无己无用。内存无己，外示无用。如此，方可保身全生。前几段写有用之弊，后几段写无用之利。

颜回见仲尼，请行。

曰：“奚之？”

曰：“将之卫。”（卫国危乱。颜回欲往卫国劝说卫君，临行前向老师孔子辞行，孔子借此说圣人处世之道。）

曰：“奚为焉？”（孔子问去做什么？）

曰：“回闻卫君，其年壮，其行独。轻用其国，而不见其过；轻用民死，死者以国量乎泽若蕉，民其无如矣！回尝闻之夫子曰：‘治国去之，乱国就之，医门多疾。’愿以所闻思其则，庶几其国有瘳乎！”（颜回言卫国之君年轻气盛、独断专行，轻用其国，轻用其民，弃人民如草芥。百姓生活苦不堪言。我曾听先生说过，安定的国家可以离开，因为已经治理好了；危乱的国家可以前往，因为还需要治理。就好像医生的门前有很多的病人，哪里有难处，圣贤就应该出现在哪里。因此弟子希望根据先生的学说去匡正其国，或许这个国家的人民还可免于疾苦吧。)

仲尼曰:“嘻,若殆往而刑耳!夫道不欲杂,杂则多,多则扰,扰则忧,忧而不救。古之至人,先存诸己而后存诸人。所存于己者未定,何暇至于暴人之所行!”(颜回欲匡正卫国,度化卫君。孔子以为不可。道是不可以杂乱的,杂乱就多事,多事就扰动,扰动就引发忧患,忧患到来自救都来不及。古时候的至人,先自己得道,然后再去觉悟他人。如果你自己都还没有得道,又怎么可能去度化他人呢?)

道不可杂。否则,歧路何处寻羊。一会儿想着修道,一会儿想着世俗,如此杂乱于修道不利。有的修道者一边在修道,一边在应俗,好像是真俗圆融,其实还未证悟,哪来的“真”与“俗”融呢?最后只能是两边皆失。又有的人在修道的过程中想要能够庞杂百家,精神虽好,但皆一知半解,何能起会通之用?所以修道之人就一心修道,待到大道功成,再出而应俗,则尘垢粃糠亦可陶铸尧舜。

先存诸己，再存诸人。存什么？道也。存道者，得道也。此一句，意义重大，千百年来被注解家忽略，但却是庄子一个伟大的贡献。余尝言，中国文化从社会学角度而言，有三个最重要的概念，庄子提出两个，参与一个，居功至伟。哪三个概念？天人合一、内圣外王、己成成人（己达达人）。中国文化是天人合一的世界观，内圣外王的人生观，己成成人（己达达人）的价值观。庄子说，人与天一也。而在篇中又提出内圣外王之道。至于己成成人，在儒，则己达达人。自己通达了，也要使别人通达。在佛，则自觉觉他。自己觉悟了，也要觉悟别人。在道，则己存存人。自己悟道了，再去觉悟别人。核心精神都是一样的，就是自己成就了，也要帮助别人成就。所以己存存人是非常重要的概念，可惜千百年来被人忽略了。

当然，儒家文化相对较为主流一些。因此，这里标明从社会学的角度。天人合一和内圣外王虽然是庄子首先提出，但儒道两家含义不同。己存存人与己达达人虽然核心精神一致，但着眼点却不一样。

在《人间世》开篇就提出这个概念，须知是庄子应俗之要。虽然庄子注重自己的修道，不想被俗物打扰，但也并非无济世之义。而是自己还没有修道成就，怎么可能去觉悟他人呢？因此，庄子借孔子之口指出，颜回你自己还没有悟道，怎么去觉悟卫君呢？不是自不量力吗。

在世俗中，确有许多修道之人，刚刚入门，动辄劝人。倘若不听就说别人没有慧根。这是极不妥当的。自己的病还没有治好，就去给别人开方子，这岂不是自误误人吗。你自己还没有修好，别人当然不听；当你自己觉悟了，你的所作所为让人如沐春风，别人自然会受你的影响。你还未悟的时候，没有化俗的能力，不可勉强而为。

此一节以孔子和颜回出场，借此点明主题。俗世之中，以孔子为最圣，颜回为最贤。如此圣贤应俗尚且不易，况众人乎？此庄子所以借重者。以大知颜回应俗无解，而引出至知孔子处世真解。何者？内存无己，外示无用也。

20. 唯道集虚

“且若亦知夫德之所荡而知之所为出乎哉？德荡乎名，知出乎争。名也者，相轧也；知也者，争之器也。二者凶器，非所以尽行也。（德的失真是由于好名，智的外露是由于争胜。名利是人们相互倾轧的原因，机巧智谋是人们互相争斗的工具。这两者都是凶器，不可尽行。）

“且德厚信矼，未达人气；名闻不争，未达人心。（言颜回德行纯厚，然众人不知。名利不争，然众人不信。）而强以仁义绳墨之言术暴人之前者。（以己之仁义强行匡正彼之暴行。）是以人恶有其美也，（攻彼之恶而显己之善。）命之曰菑人。（故彼认为不祥。）菑人者，人必反菑之。若殆为人菑夫。（彼即以颜回为不祥，必害之。）

“且苟为悦贤而恶不肖，恶用而求有以异？（若彼爱贤，何用颜回显异于人。）**若唯无诏，王公必将乘人而斗其捷。**（否则，彼必与颜回争辩。）**而目将荧之，**（眼神慌乱。）**而色将平之，**（神气不张。）**口将营之，**（急于辩解。）**容将形之，**（容貌迁就。）**心且成之。**（违心顺从。）**是以火救火，以水救水，名之曰益多。**（言颜回有“有我”之见，故不能自然从容，遇见暴君，其机诈权巧、气势凌人，颜回必辩不过。如此，就更加助长了暴君的气焰。）**顺始无穷，若殆以不信厚言，必死于暴人之前矣！**（开始辩不过，以后就只有顺从了。若暴君不信仁义之言，则颜回必危。）

“且昔者桀杀关龙逢，纣杀王子比干，是皆修其身以下伛拊人之民，以下拂其上者也。故其君因其修以挤之，是好名者也。（龙逢、比干，为名所累。）

“昔者尧攻丛、枝、胥敖，禹攻有扈，国为墟厉，身为刑戮。其用兵不止，其求实无已，是皆求名实者也。（尧、禹为功所扰。）**而独不闻之乎？名实者，圣人之所不能胜也，而况若乎！**（言名利者，世俗之圣贤尚且不能全免。）**虽然，若必有以也，尝以语我来。”**（虽然这样，你一定有你的想法，且说来我听听。言罢度化之难，孔子问颜回之方。）

颜回曰："端而虚，（端正而谦虚。）**勉而一，**（勉励而为，用志专一。）**则可乎？"**（这样可以吗？）

曰："恶！恶可！夫以阳为充孔扬，（气焰嚣张。）**采色不定，**（喜怒无常。）**常人之所不违，因案人之所感，以求容与其心。**（平常人都不敢违背他，暴君压抑别人对他的劝告，以求自己内心的畅快。）**名之曰日渐之德不成，而况大德乎！将执而不化，外合而内不訾，其庸讵可乎！"**（这种人即使是慢慢感化都困难，你想着他可以一言顿悟，这怎么可能呢？他必定固执不化。即使表面虚假的应和，其内心也并不如此，你用这样的方法怎么可以呢？）

端而虚，非真正之"虚"；勉而一，非真正之"一"。故不可。

"然则我内直而外曲，（内心正直而外表柔顺。）**成**

而上比。（引用成说而上比于古人。）**内直者，与天为徒。与天为徒者，知天子之与己，皆天之所子。而独以己言蕲乎而人善之，蕲乎而人不善之邪？若然者，人谓之童子，是之谓与天为徒。**（所谓内在正直是指和自然同类。我知暴君和我在本性上都属于天生的，这样我对自己所讲的话何必在乎赞美与指责。如此，众人都以我为赤子之心，这就叫作和自然同类了。）**外曲者，与人之为徒也。擎跽曲拳，人臣之礼也。人皆为之，吾敢不为邪？为人之所为者，人亦无疵焉，是之谓与人为徒。**（所谓外表柔顺是指外在和众人一样，执守俗礼。这就叫作和人家同类。）**成而上比者，与古为徒。其言虽教，谪之实也，古之有也，非吾有也。若然者，虽直而不病，是之谓与古为徒。**（所谓引用成说上比于古人，是指和古时候同类。我所引用的成说皆其来有自，非吾独造，像这样言语虽然直率却也不会招来怨恨，这就叫作和古时候同类。）**若是则可乎？”**（这样可以吗？）

仲尼曰：“恶！恶可！大多政法而不谍。虽固，亦无罪。虽然，止是耳矣，夫胡可以及化！犹师心者也。”

（孔子说，这怎么可以呢？方法杂多而不妥当，如此，仅能自保，不能度人。你太执着自己的成见了。）

颜回常听老师说教，故亦知天人合一、真俗圆融之理。然毕竟未证。哪里来的“真”与俗融呢？若强行融合，则杂多而不逮。为何？因颜回犹有师心者也。虽忘名，然未忘功，更未忘己，未达至人之境也。有度人之我，有可度之彼。是此，则仍有人我之别也。

颜回曰：“吾无以进矣，敢问其方。”（颜回没有更好的办法，唯有请教老师。）

仲尼曰：“斋，吾将语若。（你先斋戒，我再传道。）**有心而为之，其易邪？易之者，皞天不宜。”**（你有了成心去做事，哪里有那么容易呢？如果你以为容易，那就不合天然之道了。）

道不轻传。为何？盖若不能排除固有之我见，杂念太多，身心粗重不堪，即说大道亦不能对机。故学道者，先得身心清静，方能承道也。

颜回曰：“回之家贫，唯不饮酒不茹荤者数月矣，如此则可以为斋乎？”（颜回不知斋戒之真意，以为祭祀之斋也。）

曰：“是祭祀之斋，非心斋也。”（此礼仪之斋戒、身体之斋戒，非心灵之斋戒也。）

回曰：“敢问心斋。”

仲尼曰：“若一志，（制心一处。）**无听之以耳而听之以心，**（不用感知，而是觉知。）**无听之以心而听之以气。**（觉知亦无。）**听止于耳，心止于符。**（此时感知与认知双双停止，唯存一气。）**气也者，虚而待物者也，**（气者，无形无情，物来则应，物去不留，化成万物，不存己意。）**唯道集虚。**（唯虚合道。）**虚者，心斋也。”**（虚者，空明的心境是也。此“无己”“丧我”同义也。）

前文颜回之虚一非真正之虚一，此处之虚一乃大道之虚一。颜回之“虚”，乃俗德之谦虚，非内在之空明。颜回之“一”，乃用情之专一，非德心之制一也。

颜回曰：“回之未始得使，实有回也；（言颜回未闻心斋之理时，未能忘己，所见皆回也。）**得使之也，未始有回也，**（即闻心斋之理，一言顿悟，证入无我。）**可谓虚乎？”**（颜回悟道，请师父为其印证。）

夫子曰：“尽矣！（得师父亲印。）**吾语若：**（唯有身心清静，放下固有之认知，方能语以至言。）**若能入游其樊而无感其名，**（游于尘世之中，不为万物所动。）**入则鸣，不入则止。**（当行则行，当止则止。喻不可强行之。）**无门无毒，**（无分别。）**一宅**（纯心一处，了无二念。）**而寓于不得已，**（顺任自然。）**则几矣。**（如此则得道妙矣。）**绝迹易，无行地难。**（喻独处的时候安静下来容易，游乎世俗之中，清静不易也。）**为人使易以伪，为天使难以伪。**（为情欲所驱使就容易造伪，顺任自然而行便难以造伪。）**闻以有翼飞者矣，未闻以无翼飞者也；闻以有知知者矣，未闻以无知知者也。**（喻唯具般若智慧方能照见真理，若鹏飞九万里而喻证入至高境界也。）**瞻彼阕者，**（观照那个空明的心境。）**虚室生白，**（空明的心境自然生出光明。）**吉祥止止。**（此时法喜充满。）**夫且不止，是之谓坐驰。**（如果心境不能宁静，这就叫作“坐驰”。什么是“坐驰”？譬如打坐，有的人身体安静，内心奔驰不已。）**夫徇耳目内通而外于心知，**（返观内照，去除感知与认知。）**鬼神将来舍，**（神通变化。）**而况人乎！**（而况俗尘人事乎？）**是万物之化也，**（即得道，则万物皆可化。）**禹、舜之所纽也，伏羲、几蘧之所行终，而况散焉者乎！”**（这是圣人处世的准则，何况普通的人呢？）

21. 乘物游心

叶公子高将使于齐，问于仲尼曰：“王使诸梁也甚重。齐之待使者，盖将甚敬而不急。匹夫犹未可动，而况诸侯乎！吾甚栗之。（叶公子高将要出使齐国，但有感于齐国对待外来的使者总是表面恭敬，而内在怠慢，对于能否承担这样的重任感到恐惧不安，于是问孔子何以应对之道。）**子尝语诸梁也曰：‘凡事若小若大，寡不道以欢成。’事若不成，则必有人道之患；事若成，则必有阴阳之患；**（这一句大有深意。在世俗中做事确有此两难困境。如个别地方为追求经济效益，破坏了自然生态。如果你执行领导指示去做，就会有阴阳之患，就会受到自然的惩罚，受到报应。如果你不执行领导指示，就会受到领导的惩罚。庄子以此点明处世之难。）**若成若不成而后无患者，唯有德者能之。**（有德者，天人两善。）**吾食也执粗而不臧，爨无欲清之人。今吾朝受命而夕饮冰，我其内热与！**（言叶公子高原本清心寡欲，奈何接此任务焦虑不安如此。）**吾未至乎事之情而既有阴阳之患矣！事若不成，必有人道之患，是两也。为人臣者不足以任之，子其有以语我来！”**（言叶公子高尚未任事就已经内在焦虑不安，如若事再不成，则必受人君之惩罚。逼不得已而请孔子解之。）

仲尼曰：“天下有大戒二：其一命也，其一义也。

子之爱亲，命也，不可解于心；（子女爱父母，这是人的天性，无法解释。）**臣之事君，义也，无适而非君也，无所逃于天地之间。**（臣子侍奉君主，这是不得不做的事情，无论任何国家都不会没有君主，这是没有办法逃避的。）**是之谓大戒。是以夫事其亲者，不择地而安之，孝之至也；夫事其君者，不择事而安之，忠之盛也；**（此喻人生世上必有不可推脱之责任，当任之时，勿可逃避。）**自事其心者，哀乐不易施乎前，**（修内德者，随缘任运，无喜无悲。）**知其不可奈何而安之若命，德之至也。**（安心任事，不避艰难。）**为人臣子者，固有所不得已。行事之情而忘其身，何暇至于悦生而恶死！夫子其行可矣！**（劝叶公子高任事忘己，切勿贪生怕死。）

“丘请复以所闻：凡交近则必相靡以信，远则必忠之以言，言必或传之。夫传两喜两怒之言，天下之难者也。（此言语言之难者。盖真相一落入人的认识即失去三分真实，再落入语言系统又失去三分真实，于是真相不存矣。）**夫两喜必多溢美之言，两怒必多溢恶之言。凡溢之类妄，妄则其信之也莫，莫则传言者殃。故法言**

曰：'传其常情，无传其溢言，则几乎全。'（语言本就容易失真，本来之语言通过不同人的传播再次扭曲。）

"且以巧斗力者，始乎阳，常卒乎阴，泰至则多奇巧；（开始的时候明斗，后来变成暗争，最后诡计百出。）**以礼饮酒者，始乎治，常卒乎乱，泰至则多奇乐。**（开始的时候注重礼仪，后来迷乱，最后放浪形骸。）**凡事亦然，始乎谅，常卒乎鄙。其作始也简，其将毕也必巨。**（任何事情都是这样，开始的时候很单纯，到了后来就变得复杂了。）**夫言者，风波也；**（语言若风波。）**行者，实丧也。**（行为失本真。）**风波易以动，实丧易以危。**（风波起则动荡不安。本真失则必然危殆。）**故忿设无由，巧言偏辞。**（语言之偏失乃嗔恨之因也。）**兽死不择音，气息茀然，于是并生心厉。克核大至，则必有不肖之心应之而不知其然也。苟为不知其然也，孰知其所终？**（喻他人外境全为汝内在之同频吸引。若汝内在平和喜乐，则外境亦平和喜乐。若汝起不祥之念，则必引发他人同频共振。）**故法言曰：'无迁令，无劝成，过度益也。'迁令劝成殆事，美成在久，恶成不及改，可不慎与？**（劝喻世人保持本真，无损益乎万物。）**且夫乘物以游心，**（不着一物，超然物外。）**托不得已以养中，至矣。**（托不得已者，不存己意，随顺自然也。养中者，保养中正之道也。）**何作为报也！莫若为致命，此其难者？”**（言当任在前，当自然安然，不必在意结果。）

此一节，破语言论也。盖真相一落入人的认识即一层扭曲，再落入语言系统，再次扭曲，再经口耳相传，则数度扭曲。是此，真相不存矣。因人人皆有偏见，对事物之描述皆增加自我之演绎，故语言难真，言非吹也。唯有不存己见，不添己意，传其常情，无传其溢言，则几乎全。

22. 以物待物

颜阖（鲁国贤人）**将傅卫灵公太子，而问于蘧伯玉曰：**（蘧伯玉，卫国贤相。颜阖被请去做卫灵公太子的师傅，他知此人不易对付，于是去请教应俗高人蘧伯玉。）**“有人于此，其德天杀。**（其德天杀，非天性嗜杀，而是内德太薄。此德非仅道德，而是人天真之本性，与嗜欲深者天机浅之天机同义也。世俗中多有此类人物，智商高、情商高，于名利场中圆滑而精致，且往往思维缜密辩才无碍，自有一套不可攻破之价值体系，自视甚高、名利心重，且往往得大名大利。此类人物，在世俗而言是成功者，但在体悟大道而言，反而不如普通人。何也？一者，这些人欲望太重，嗜欲深者天机浅，欲望太重的人体悟大道的天机反而被遮蔽更多。二者，体悟大道需要天性纯真。人的感知与认知是对真实世界的扭曲。体悟大道需要破除这些感知与认知。这些人的高智商、高情商反而让自己更加坚固地活在自己打造的知识王国里。想要觉照根本真实岂不难哉！）**与之为无方则危吾国，与之为有方则危吾身，**（无方者，利也。有方者，道也。以利导之，则危害国家；以道导之，则危害自身。因为这类人好名好利，所以若以利导之，则国家就会在名利争斗中陷入危殆。但这类人既然其德天杀，必然听不懂，也不愿意学修道之言，所以告以修道之言必不信也，然后必危及自身。）**其知适足以知人之过，而不知其所以过。**（这类人的聪明机巧往往喜欢挑剔别人的过错，而从不认为自己有错。）**若然者，吾奈之何？”**

蘧伯玉曰：“善哉问乎！戒之慎之，正汝身也哉！（对付这种人需要慎之又慎。）**形莫若就，心莫若和。虽然，之二者有患。就不欲入，和不欲出。形就而入，且为颠为灭，为崩为蹶；心和而出，且为声为名，为妖为孽。**（外貌表现亲近姿态，内心顺和以劝诱。亲近他，但不要变得和他同类；顺和诱导，但不要太过显露。外在亲近得太过分，失去了自己，真俗颠倒，不但度人失败，连自己也丧失了。内心顺和太过，道心不存，就会被名利所左右，变成妖孽了。）**彼且为婴儿，亦与之为婴儿；彼且为无町畦，亦与之为无町畦；彼且为无崖，亦与之为无崖；达之入于无疵。**（他如果像婴孩那样烂漫，你也姑且随着他像婴孩那样烂漫；他如果没有界限，你也姑且随着他那样不分界限；他如果无拘无束，你也姑且随着他那样无拘无束，这样引导才能成功。此暗喻当如婴儿天真烂漫、不分界限、无拘无束，正如老子所言，复归于婴儿。）

“汝不知夫螳蜋乎？怒其臂以当车辙，不知其不胜任也，是其才之美者也。戒之慎之，积伐而美者以犯之，几矣！（螳螂奋力举起臂膀去阻挡车轮，必然失败，是因为不知道自己的力量不能胜任，而太过自信。此喻逆物之情，而不明以柔克刚。）

“汝不知夫养虎者乎？不敢以生物与之，为其杀之之怒也；不敢以全物与之，为其决之之怒也。（养虎者，不予生物、全物，盖避免激发其残杀之欲。）**时其饥饱，达其怒心。虎之与人异类，而媚养己者，顺也；故其杀者，逆也。**（虎和人虽然是异类，却驯服于养它的人。这是因为养虎的人懂得它的特点，并根据它的特点而驯化它。此喻待物之道当顺物之情。）

“夫爱马者，以筐盛矢，以蜄盛溺。适有蚊虻仆缘，而拊之不时，则缺御毁首碎胸。意有所至而爱有所亡，可不慎邪！”（此喻逆物之情则必然失败，本意出于爱而结果适得其反。）

此一节，以待物之道喻处世之道。待物之道当以物待物，而非以己待物也。以己待物则如鲁侯养鸟，美食、音乐皆人之所喜，而非鸟之所喜也。以物待物，则万物各得其所。比之于人，则虚己应对，顺势引导。孔子尝言，己所不欲，勿施于人。此庄子言，己所甚欲，勿施于人。盖欲与不欲，皆从己之角度，而非从彼之角度也。

以上三章，核心义理在于内证无我。无我则不存我见，无我见则无我执，无我执则无我之偏情。从而上与道和，下与物游。

23. 外示无用

前三个故事旨在说有用之弊，后三个故事旨在说无用之利。木匠所见之大树，因其无所可用，才得以保全自身，而保全自己不正是人生最大的用处吗？可惜世人纷纷奔竞于功名利禄，夸其才，逞其能，唯恐人不知其有才。以有才求有用，终于被名利所累，身体受亏，心智被蒙，为物所害，得不偿失。如秦之李斯，汲汲于功名，虽贵为宰相，最后终落得腰斩的下场。其欲做一介平民携其子出上蔡东门逐狡兔，尚可得乎。

匠石之齐，（名石的木匠往齐国去。）**至于曲辕，见栎社树。**（作为社神的栎树。）**其大蔽数千牛，**（极言其大。）**絜之百围，其高临山十仞而后有枝，**（极言其高。）**其可以为舟者旁十数。**（可以造船的旁枝就有十几枝。）**观者如市，匠伯不顾，遂行不辍。**（观者甚众，但木匠看都不看一眼，径直而过。）

弟子厌观之，走及匠石，（他的徒弟看够了，追上木匠。）**曰：'自吾执斧斤以随夫子，未尝见材如此其美也，先生不肯视，行不辍，何邪？"**（他的徒弟问说，自从我拿着斧头跟随先生，从没有见过这么好的木材，而先生看都不看，这是为什么呢？）

曰："已矣，勿言之矣，散木也。以为舟则沉，以为棺椁则速腐，以为器则速毁，以为门户则液樠，以为柱则蠹，是不材之木也。无所可用，故能若是之寿。"（木匠答之以无用之木也。做船则易沉没，做棺椁则易腐烂，做器具则易毁坏，做门户则易起污浆，做房梁则易生蛀虫。因其无用故能长寿耳。）

匠石归，栎社见梦曰：（木匠回到家，晚上，栎社托梦给他说无用之利。）**“汝将恶乎比予哉？若将比予于文木邪？**（文木者，有用之木也。散木者，无用之木也。）**夫柤梨橘柚果蓏之属，实熟则剥，剥则辱。大枝折，小枝泄，此以其能苦其生者也。故不终其天年而中道夭，自掊击于世俗者也。**（那些有用之木，果实熟了就被打下来，然后树身也会被摧残。大枝被折断，小枝被摧毁，这些都是因为它们的有用而害了自己，所以不能够尽享天赋的寿命啊。）**物莫不若是。且予求无所可用久矣！几死，乃今得之，为予大用。使予也而有用，且得有此大也邪！且也若与予也皆物也，奈何哉其相物也？**（万物皆是同样的道理。我追求无用已经很久了，曾经几乎被砍死，而能够保全到现在，正是因为我的无用啊。如果我像文木一样有用，我还能够长这么大吗？更本质来说，你和我皆是万物之一类，又为什么要如此在意物物的分别呢？)**而几死之散人，又恶知散木！”**(木匠显示自己有用，有用则害，故木匠几死。未悟故言木匠为散人。散木者，喻得道之人也。未悟常人岂知得道圣人之境界乎？)

匠石觉而诊其梦。（木匠醒后，反思梦中散木之言，略有所悟。）**弟子曰：“趣取无用，则为社何邪？”**（其徒弟愚钝，问散木既然志在无用，又为何做社树呢？此类人物很多，智商高、慧根浅，常反击智慧之言。其实，根本真理非语言可说，勉强而说必不根本。劝喻之言皆指月之指耳。然闻智者之说，此类人物非但不能诚心体悟，反细思反击之处。此天机浅者也。）

曰：“密！若无言！彼亦直寄焉！以为不知己者诟厉也。不为社者，且几有翦乎！且也彼其所保与众异，而以义喻之，不亦远乎！”（木匠呵止愚钝的徒弟这种反击性思维。这些人只知其一不知其二。栎树也不过是寄托于社，假使它不做社树，岂不就容易遭到砍伐了吗？况且它用于保全自己的方法与众不同，你只是从常理上来度量，不是相差太远了吗？圣人之境界岂众人可知哉！）

南伯子綦（即南郭子綦。）**游乎商之丘，见大木焉，有异：结驷千乘，将隐芘其所藾。子綦曰：“此何木也哉？ 此必有异材夫！**（南伯子綦到商丘游玩，看到一棵与众不同的大树，可隐蔽千乘的车马。南伯子綦说，这是什么树木啊？必定有它奇特的地方吧。）**仰而视其细枝，则拳曲而不可以为栋梁；俯而视其大根，则轴解而不可以为棺椁；咶其叶则口烂而为伤，嗅之则使人狂酲，三日而不已。”**（仰头看看它的细枝，却弯弯曲曲不能做栋梁；低头看看它的树干，却木纹扭曲，而不能做棺椁；舔舔它的叶子，嘴就溃烂受伤；嗅嗅它的气味，就会令人狂醉不醒。此言其无用也。）**子綦曰：“此果不材之木也，以至于此其大也。嗟乎，神人以此不材。”**（南伯子綦说，这是一个无用之物啊，所以才能够长这么大。神人也是这样显示自己的不才呀。神人善隐蔽聪明，不示才于人。）

宋有荆氏者，宜楸柏桑。其拱把而上者，求狙猴之杙者斩之；三围四围，求高名之丽者斩之；七围八围，

贵人富商之家求禅傍者斩之。故未终其天年而中道之夭于斧斤，此材之患也。故解之以牛之白颡者，与豚之亢鼻者，与人有痔病者，不可以适河。此皆巫祝以知之矣，所以为不祥也。此乃神人之所以为大祥也。（宋国荆地适合种植楸、柏、桑树，一握两握的时候，想用于系猴子木桩的人把它砍了去；三围四围的时候，想用作高屋木材的人就把它砍了去；七围八围的时候，富贵人家想用棺椁的就把它砍了去，所以不能享尽天赋的寿命，这就是有用之才的祸患。白额的牛、鼻孔翻上的猪、生痔疮的人，这些是大家认为不吉祥的，都不可以用来祭祀河神，但这正是神人以为最吉祥的，因为他们因此保全了自身。）

支离疏者，颐隐于脐，肩高于顶。会撮指天，五管在上，两髀为胁。挫针治繲，足以餬口；鼓荚播精，足以食十人。上征武士，则支离攘臂而游于其间；上有大役，则支离以有常疾不受功；上与病者粟，则受三钟与十束薪。夫支离其形者，犹足以养其身，终其天年，又况支离其德者乎！（有一个形体支离的人，脸在肚脐下，肩膀高过头顶，颈后的发髻朝天，五脏向上，两条大腿和肋骨并接。替人家缝洗衣物足够养活自己，替人家筛米簸糠足够养十口人。因为残疾，无论政府征兵还是征夫，他自由自在地摇摆其间，没人会要他。从而避免了战争的危险和徭役的辛苦。政府发救济的时候，他还可以领到很多柴米。形体残缺的人还能够保全自己，享尽天赋的寿命，何况修道的人呢？前面写木无用之利。此节写人无用之利。）

孔子适楚，楚狂接舆游其门曰："凤兮凤兮，何如德之衰也！（以凤喻孔子。）**来世不可待，往世不可追也！**（喻彼所倡之学非悟道真言，故有时空之局限。故来世不可待。其学本乎周，而时代早已更迭，故往世不可追。）**天下有道，圣人成焉；天下无道，圣人生焉。方今之时，仅免刑焉！福轻乎羽，莫之知载；祸重乎地，莫之知避。已乎，已乎！临人以德。**（在众人面前用德行来炫耀自己，显异于人。）**殆乎，殆乎！画地而趋。**（大道原本浑然一体，无界无限，喻儒家割裂大道。）**迷阳迷阳，无伤吾行。吾行郤曲，无伤吾足。"**（劝喻孔子保身全生。）

山木，自寇也；膏火，自煎也。桂可食，故伐之；漆可用，故割之。人皆知有用之用而莫知无用之用也。（山木、膏火、桂树、漆树，这些都是因为各有所用而遭到伤害，人们只知道有用的好处，却不知道无用的好处。）

盖《人间世》旨者，无己无用也。修道之人处乎世间，内证无己，外示无用，虚己应物，隐蔽聪明，不逞机巧，浑然天真，内在无己之偏私，则人莫害之；外在无可用之才，则人莫伤之。此应俗之良方也。

24. 心如止水

上一篇《人间世》，旨在无己无用；这一篇《德充符》，旨在忘形忘情。盖修道之人须借假修真，如此必有应俗之良方，故以《人间世》明保身全生之道。又恐人执着于此五蕴假合之小我，故再以《德充符》破之。可谓随立随扫。

鲁有兀者（断足者。）**王骀，**（骀，劣马，愚钝意。圣人愚钝。如老子言，众人昭昭，我独昏昏。在俗为愚在真为智。此凡圣之别也。）**从之游者，与仲尼相若。**（跟他学习的人和孔子相等。）**常季**（孔子的弟子。）**问于仲尼曰："王骀，兀者也，从之游者，与夫子中分鲁。立不教，坐不议，虚而往，实而归。**（学前德薄，学后大德内充。）**固有不言之教，**（不用言说的教导。盖大道本不可言说，凡有所言皆为假言。此不言之教遥照后文目击而道存。与禅宗不立文字，直指人心，正相应也。）**无形而心成者邪？**（不着行迹而众人德心自成。）**是何人也？"**

仲尼曰："夫子，圣人也，丘也直后而未往耳。（此圣人也，我也落在后面，还没有去请教他。）**丘将以为师，而况不若丘者乎！奚假鲁国，丘将引天下而与从之。"**（言孔子准备拜其为师，并号召天下人向其学习。）

常季曰："彼兀者也，而王先生，其与庸亦远矣。若然者，其用心也，独若之何？"（常季不解，问曰，他只不过是一个断足之人，却能够胜过孔子这样的圣贤，那么与普通人相比，他的优势就更大了，如果是这样的话，他是怎么去运用智慧的呢？）

仲尼曰："死生亦大矣，而不得与之变；（看破生死。）**虽天地覆坠，亦将不与之遗；**（无虑天地。）**审乎无假，而不与物迁，**（体证大道，不滞于物。）**命物之化而守其宗也。"**（应物之化，不离根本。）

常季曰："何谓也？"

仲尼曰："自其异者视之，肝胆楚越也；自其同者视之，万物皆一也。（从万物相异的一面去看，虽近如肝胆却远如楚越；从万物相同的一面看，万事万物虽千差万别，但本质都是一样的。）**夫若然者，且不知耳目之所宜，而游心乎德之和。**（如果能够明白这一点，就能够突破生命的局限，从而遨游于大道之乡。）**物视其所一而不见其所丧，**（既然万物皆一，无二无别，又哪里有什么得到与失去呢？）**视丧其足犹遗土也。"**（得道圣人看自己断了一只脚，也只不过好像是失落了一块泥土一般。）

常季曰：（闻孔子之言，常季已有所悟，但还未达根本，故仍有疑问。）**“彼为己，以其知得其心，以其心得其常心。**（知者，理悟也，知见圆熟。心者，觉照也。常心者，真心也。喻以觉知而觉照，以觉照而证道。）**物何为最之哉？”**（彼但修己而已，证悟大道，志不在世俗，为何世俗之人纷纷归依呢？）**仲尼曰：“人莫鉴于流水而鉴于止水。**（流动的水无法照见万物，只有平静的水才能够照见万物。此喻内在极静，杂念不起，本性方才显露，方能照见根本真理。否则，杂念纷起如水面波动不已，无法照见万物。）**唯止能止众止。**（唯有静止的水面才能停留众人止水鉴照，喻唯有觉者方能觉他。）**受命于地，唯松柏独也正，在冬夏青青；**（就像松柏领万树之青。）**受命于天，唯尧、舜独也正，在万物之首。**（又像尧、舜带领众人。）**幸能正生，以正众生。**（因其证悟故能觉悟他人。）**夫保始之征，不惧之实，**（能够保全根本的人，就会内德充沛而无所挂碍。）**勇士一人，雄入于九军。将求名而能自要者而犹若是，**（就像勇士雄入于九军之中无所畏惧一样。那些志在功名而能自我约束的人尚且如此。）**而况官天地、**（乘天地之正。）**府万物、**（超然物外。）**直寓六骸、象耳目、**（以身体为寓所，以耳目为外象。）**一知之所知**（以齐一之智慧照见无二之境界。）**而心未尝死者乎！**（照见无二之境界，则一切不生不死，不垢不净，不增不减。）**彼且择日而登假？**（即将选吉日而飞升。）**人则从是也。**（喻证道之人，众人皆乐从之。）**彼且何肯以物为事乎！”**（彼非有意吸引众人，而众人自然归依也。）

王骀以不言之教胜过诲人不倦之世俗圣人孔子者，何也？因其能够执守大道，不着一物，看破生死，无所挂碍也。何能无所挂碍？因其证万物齐一之境也。万物原本无二无别，又何有得失之心乎？又何有挂碍乎？何能证万物齐一之境？唯有心如止水。如止水能照见万物一般，杂念不起，方能彻见本性，而入真常大道也。

25. 真德内充

德充符者，德充之符征也。真德内充之外在表现也。此篇讲说众多形残之人，是要人破除对形体的执着。破除对形体的执着，方能真德内充，而真德内充自然形骸可忘。

申徒嘉，兀者也，而与郑子产同师于伯昏无人。（伯昏者，大昏也。取众人昭昭，我独昏昏之意。众人以为之昏愚实为智慧也。无人者，取无人无我之意也。乃知伯昏无人，得道圣人也。）**子产谓申徒嘉曰：“我先出则子止，子先出则我止。”**（子产修道之日浅，真德尚薄，未能悟道。故仍然以外在形骸和世俗之尊卑贵贱来区分人物。自以为自己贵为形骸完好之大臣岂能与一形残之匹夫同进出。因此斥令同门师兄。）**其明日又与合堂同席而坐，**（申徒嘉形体已忘，况且不如形体之外在地位利益乎。故不取分别之见。）**子产谓申徒嘉曰：“我**

先出则子止，子先出则我止。今我将出，子可以止乎？其未邪？且子见执政而不违，子齐执政乎？”（子产见师兄不听，仍然与其同出同进，非常愤怒。再言：我先出去，你就停下；你先出去，我就停下；现在我要出去，你可以停一下吗？能不能做到？你见到我这样的执政大臣还不回避，你把自己看成和我一样的执政大臣吗？）

申徒嘉曰：“先生之门，固有执政焉如此哉？子而悦子之执政而后人者也。（先生的门下都是学生，哪里有什么执政大臣呢？你炫耀你的地位瞧不起人吗？）**闻之曰：鉴明则尘垢不止，止则不明也。**（喻子产之心境为偏见所蒙蔽。）**久与贤人处则无过。**（常和圣贤在一起，就会让自己没有过失。）**今子之所取大者，先生也，而犹出言若是，不亦过乎！”**（你现在来先生这里求取真道，却说出如此世俗之语，不是大错特错吗？提醒子产来此的目的是“取大者”，求取大道，而不是为了形骸。）

子产曰：“子既若是矣，犹与尧争善。计子之德，不足以自反邪？”（子产不悟，仍然强辩：你已经是形残之人了，还要和尧争善，你打量一下自己的德行，还不够你自我反省的吗？子产举尧为例，尧乃世俗之圣人也，非真道之圣人也。可知子产仍是俗心。先以执政大臣自骄，再以尧自况，可见子产自大如此。此处尧之善、子之德者，乃世俗之德也，非真德也。）

申徒嘉曰：“自状其过以不当亡者众；不状其过以不当存者寡。知不可奈何而安之若命，唯有德者能之。（此言闻道前，与常人一般自状其过，闻道后，不状其过。如今，知道事情的无可奈何而能安时处顺也。）**游于羿之彀中，**（彀中者，非环中也。环中者，道也，中空也，故与物无碍，应物无穷。彀中者，世俗之世也，中实也，故执着于物，物物皆碍。）**中央者，中地也，然而不中者命也。**（未能证道之人，处乎世间，如走进羿的射程之内，常被物所伤也。）**人以其全足笑吾不全足者多矣，我怫然而怒，**（未闻道之前亦如常人一样起心动念。）**而适先生之所，则废然而反。**（闻道之后，嗔恨不起，复返内德。）**不知先生之洗我以善邪？**（言能有如此变化者，皆是先生之教导也。）**吾与夫子游**

十九年矣，（学道十九年。）而未尝知吾兀者也。（伯昏无人为得道圣人，岂分别形体之残与不残乎？）今子与我游于形骸之内，而子索我于形骸之外，不亦过乎！”（言子产本应该丧忘形骸，游心于内德，如今却如此注重形骸和世俗之尊卑贵贱，不是大错特错吗？）

子产蹴然改容更貌曰：“子无乃称！”（子产深受触动，幡然醒悟。）

鲁有兀者叔山无趾，（《德充符》第三位形残者。）踵见仲尼。（用脚后跟走路去见孔子。）仲尼曰：“子不谨前，既犯患若是矣，虽今来，何及矣！”（孔子见其形残，起分别之见，说：你早先不谨慎，犯了这样的过错，现在虽然来请教，怎么来得及呢？）

无趾曰：“吾唯不知务而轻用吾身，吾是以亡足。今吾来也，犹有尊足者存，吾是以务全之也。（无趾回言：我因不识时务，未能保身，所以才断了脚。现在我来到这里，是因为我还有比脚更珍贵的东西，我想要保全它。犹有尊足者，内德也。言形虽残而德未失也。）夫天无不覆，地无不载，吾以夫子为天地，安知夫子之犹若是也。”(斥责孔子有教无类之名为假,实亦有分别我见。)

孔子曰:“丘则陋矣!夫子胡不入乎?请讲以所闻。”

无趾出。(无趾,志在真道;孔子,志在世俗。道不同,不相为谋!故两人之交谈不必再写,仅以一“出”字明之。)

孔子曰:“弟子勉之!夫无趾,兀者也,犹务学以复补前行之恶,而况全德之人乎!”

无趾语老聃曰:“孔丘之于至人,其未邪?彼何宾宾以学子为?彼且以蕲以諔诡幻怪之名闻,不知至人之以是为己桎梏邪?”(言孔子并非得道至人。总是把自己当成个学者,祈求以奇异的名声传闻于天下。他不知道至人把名声当作是一种枷锁啊!)

老聃曰:“胡不直使彼以死生为一条,以可不可为一贯者?解其桎梏,其可乎?”(你为什么不使他了解死生一如、万物齐一的道理,解除他的束缚呢?不知道他有没有这样的慧根呢。)

无趾曰:“天刑之,安可解!”(其人慧根浅薄,这是天然的束缚，非言辞可解。天刑者，其德天刑也。与其德天杀不同。其德天杀，内德丧失殆尽，纯为己利，用志于世俗，不能觉悟真道也。其德天刑者，虽亦用志于世俗，不能觉悟真道，然格局境界均大，非为己利也。世俗中确有此类人物，道德不可谓不高，格局不可谓不大，然而必有一物之执着，使其不能拨迷开雾，亲见真途，此天刑之也，其人根器如此，天然之束缚，非言辞所能解者，惜哉！）

此处之孔子与前文之孔子何以判若两人？盖庄子之书多借孔子之口以言庄学之要耳。此书中之孔子，一时为庄，一时为儒，儒学孔子为庄子所斥之“假德”，庄学孔子为庄子所倡之“真德”。此一体而二心，正如真假悟空者也。暗喻世人迷悟只在一念之间耳。

26. 忘形忘情

鲁哀公问于仲尼曰：“卫有恶人焉，（卫国有一个相貌丑陋的人。）**曰哀骀它。**（指外在丑陋的一类人物。）**丈夫与之处者，思而不能去也；妇人见之，请于父母曰：‘与为人妻，宁为夫子妾’者，十数而未止也。**（鲁哀公遇到一个很不解的事情，一个相貌极其丑陋的人，男人和他相处，不舍得离开；女人见了他，请求父母说，与其做别人妻子，还不如做这位先生的妾。）**未尝有闻其唱者也，常和人而已矣。**（奇怪的是，没听说他倡导什么，只是他随缘应和别人罢了。）**无君人之位以济乎人之死，无聚禄以望人之腹，又以恶骇天下，和而不唱，知不出乎四域，且而雌雄合乎前。**（更奇怪的是，他没有权位去救济别人，也没有钱财去养活别人，而且外形丑陋，使天下人见了都感到惊骇，他应和而不倡导，他的知见不超出人世间的知识，然而万物都来归附。）**是必有异乎人者也。**（鲁哀公听说这样一个人，觉得他一定是有异于常人之处。）**寡人召而观之，果以恶骇天下。**（召来一见，果然相貌丑陋，足以惊骇天下。）**与寡人处，不至以月数，而寡人有意乎其为人也；不至乎期年，而寡人信之。**（相处不到一个月，鲁哀公就觉得他有过人之处。不到一年，就特别信任他。）**国无宰，而寡人传国焉。闷然而后应，泛而若辞。寡人丑乎，卒授之国。无几何也，去寡人而行。寡人恤焉若有亡也，若无与乐是国也，是何人者也！”**（鲁哀公想把国事托付给他，他却淡淡然无意应承，漫漫然无意推辞。鲁哀公觉得很惭愧，觉得自己诚意不够，终于把国事委托给他，可是没过多久他就离开了，这让鲁哀公变得很郁闷，很失落，好像鲁国再也找不到一个如他那样满意的人了。他究竟是怎样的人呢？）

鲁哀公不解，问于孔子。孔子没有正面回答，而是讲了一个故事。

仲尼曰："丘也尝使于楚矣，（孔子曾经到楚国去。）**适见豚子食于其死母者，**（恰巧看见一群小猪在刚死的母猪身上吃乳。）**少焉眴若，皆弃之而走。**（不一会儿都惊慌地逃走了。）**不见己焉尔，不得其类焉尔。**（为什么逃走呢？是因为这些小猪感觉它的母亲已经不是活着的样子了。）**所爱其母者，非爱其形也，爱使其形者也。**（小猪之所以爱它的母亲，并不是因为爱它的形体样貌，而是爱它的生命本质。爱使其形者也。若没有了生命本质，形体也就失去了意义。）**战而死者，其人之葬也不以翣资；刖者之屦，无为爱之。皆无其本矣。为天子之诸御：不爪翦、不穿耳；取妻者止于外，不得复使。形全犹足以为尔，而况全德之人乎！今哀骀它未言而信，无功而亲，使人授己国，唯恐其不受也，是必才全而德不形者也。"**（战死沙场的人，埋葬的时候就不再追求棺椁；砍断了脚的人，不会再爱惜鞋子，这都是因为失去了根本。做天子嫔妃的不剪指甲、不穿耳眼。娶妻的人留在宫外，不得再为役使。为求形体的完整尚且如此，何况德行完整的人呢。现在哀骀它没有开口就取得人的信任，没有功绩就赢得人的尊敬，能使人把自己的国政都托付给他，他还不肯接受，这一定是“才全”而“德不形”的人。）

哀公曰：“何谓才全？”（什么是“才全”？）

仲尼曰：“死生、存亡、穷达、贫富、贤与不肖、毁誉、饥渴、寒暑，是事之变命之行也。（举人生的十六种情形以喻人生于世的千变万化。）**日夜相代乎前，**（指变化无时无刻不在发生。）**而知不能规乎其始者也。**（人的知识不能测度变化的本源。）**故不足以滑和，**（不滑乱天德之和。）**不可入于灵府。**（不起心动念。）**使之和豫，**（消除万物的界线。）**通而不失于兑。**（通达而不闭塞，不滞一物。不迷失于欲望的六根。兑者，老子言塞其兑，闭其门之义也。）**使日夜无郤，而与物为春，**（时时刻刻与万物相和无碍。以春喻万物生生不已，化化无穷。）**是接而生时于心者也。**（这就是与外物相接时，能够与时推移，与物变化的心灵。）**是之谓才全。”**

“何谓德不形？”（什么是“德不形”？）

曰：“平者，水停之盛也。（水平是极端的静止状态。

此止水鉴物之意也。）**其可以为法也，内保之而外不荡也。**（内德不外荡也。此葆光之意也。）**德者，成和之修也。**（和者，理事圆融，事事圆融之意也。与物相和即真德内充。）**德不形者，物不能离也。"**（内德不外荡，则万物自然归附。）

此"才全""德不形"者究竟何义？各家注解歧见颇多，未明本义，今试解之。

才者，天赋之真德也。就其功用而言"才"。因其真德全存，未被外物所伤，故曰"全"。"才全"者，就浅层次而言，乃接纳万物也。接纳人世中的各种变化。如果只接纳某一类或某一种变化，就不能谓之全。不但能够接纳，而且知万物实际无有分别，使之和豫，通而不失。这样的一种才能不是世俗的才能，而是一种真德本具的功能。用接纳万物只是应俗而说。其实层次比接纳万物更高。接纳万物只是认知调整，而"才全"乃内在证得自己与万物无二无别，人我不二，物我不二，虽千差万别，然本性如一也。如此，则可顺物变化，与时推移，此真德本具之能，非仅全然接纳而已。德不行者，内德不外荡，杂念不起是也。“才全”与“德不形”，一体两面也。因德不荡于外，故能才全。因事事圆融，故内德不荡。故“才全”“德不形”者，葆光含德，杂念不起，理事无碍，事事圆融，与物变化，与时推移，于第一义不动而善应诸分别，虚体不变而妙应随缘者也。

哀公异日以告闵子曰：“始也吾以南面而君天下，执民之纪而忧其死，吾自以为至通矣；今吾闻至人之言，恐吾无其实，轻用吾身而亡其国。吾与孔丘非君臣也，德友而已矣！”（有一天，鲁哀公告诉闵子骞说，起初我以国君的身份治理天下，执掌法纪而内怀仁德，我自以为尽善尽美了。现在我听了至人的言论，恐怕我虚有其表，实际上只是轻用我的身体，以致危亡国家。我和孔子并不是君臣，而是以德相交的朋友。）

闉跂支离无脤说卫灵公，灵公悦之，而视全人，其脰肩肩。瓮盎大瘿说齐桓公，桓公悦之，而视全人，其脰肩肩。（有一个曲足无唇的人去游说卫灵公，卫灵公很喜欢他，看到形体完整的人，反而觉得他们的脖子太细长了。有一个脖子生了大瘤子的人去游说齐桓公，齐桓公很喜欢他，看到形体完整的人，反而觉得他们的脖子过于细长了。无脤、大瘿皆取“不言”之意也。以说国君者，不言之教也。此两人亦是真德内充之人。一说卫君，一说齐君。两君皆悦，反以全形之人为不美也。此与哀骀它同义也。皆言若真德内充则形骸可忘。）**故德有所长而形有所忘。人不忘其所忘而忘其所不忘，此谓诚忘。**（所以内德逐渐增长，形骸就会逐渐遗忘。人们如果不遗忘所应当遗忘的形体，而遗忘所不应当遗忘的德行，这才是真正的遗忘。）

以上皆言忘形之重要，以下再言忘情之重要。

故圣人有所游，（乘物以游。）**而知**（智也。）**为孽，**（树木多余之枝杈。）**约**（礼制也。）**为胶，德**（此非真德，而是俗德。）**为接，工为商。圣人不谋恶用知？不斫恶用胶？无丧恶用德？不货恶用商？**（圣人不图谋什么，哪里还用智巧呢？不砍削，哪里还用胶漆呢？浑然无缺，哪里还用俗德呢？不求谋利，哪里还用商贾呢？）**四者，天鬻也。天鬻者，天食也。既受食于天，又恶用人！**（这些都是天然的东西，何必人为去增益呢？）

知、约、德、工者，皆人之偏情也。

有人之形，无人之情。（至人有人的形体而无人的偏情。）**有人之形，故群于人；无人之情，故是非不得于身。**（有人的形体，所以群处于人；没有人的偏情，所以没有是非。）**眇乎小哉，所以属于人也；謷乎大哉，独成其天。**（人是渺小的，天是伟大的。从人的外形来看，至人和普通人一样渺小；从人的内德来看，至人和天一样伟大。因为至人无有偏情，与万物融为一体，所以才能得悟真道。）

以下为有情无情之辩也。

惠子谓庄子曰："人故无情乎？"（惠子对庄子说，你认为人本来是没有情的吗？）

庄子曰："然。"（庄子说，是的。）

惠子曰："人而无情，何以谓之人？"（惠子说，人如果没有情，怎么能称为人呢？）

庄子曰："道与之貌，天与之形，恶得不谓之人？"（庄子说，道给了人容貌，天给了人形体，怎么不能称为人？）

惠子曰："既谓之人，恶得无情？"（惠子说，既然称为人，怎么可以没有情呢？）

庄子曰："是非吾所谓情也。吾所谓无情者，言人之不以好恶内伤其身，常因自然而不益生也。"（庄子说，这不是我所说的情。我所说的无情，是指人不要以好恶损害自己的本性，顺任自然，而不用人为去增益。）

惠子曰："不益生何以有其身？"（惠子说，不用人为去增益，怎么能保存自己的身体呢？）

庄子曰："道与之貌，天与之形，无以好恶内伤其身。今子外乎子之神，劳乎子之精，倚树而吟，据槁梧而瞑。

天选子之形，子以坚白鸣。”（庄子说，道给了人容貌，天给了人形体，不以好恶损害自己的本性。现在你驰骋自己的心神，耗散你的精力，在枯萎的梧桐树下或吟或眠。天给了你形体，你却自鸣得意于坚白之论。）

以枯萎的梧桐树喻惠子。惠子天赋异禀，故曰梧桐；然其真德外荡而不存，故曰枯萎。此庄子惜惠子之喻也。

此处之“情”，究竟何意？无情者，无偏情，无俗情，无伪情，无溢情，无好恶之情，无是非之情也，不以好恶伤其身，不以是非伤其德。此庄子欲破之情也。非倡无情如草木也。

此处之“情形之辩”各家注解多虚冗之言、偏颇之见。往往旁征博引，洋洋洒洒数万言，然未言其要尔，今试解之。

庄子所言之“道”“德”“情”“形”“名”“物”究竟有何分别？道者，在天为道，在人为德，名虽不同，其质一也。在天言道心，在人言德心，以根本言真心，以不变言常心，其质亦一也：

此德与情有何区别？在乎分别与不分别耳。无分别的心即是德心，有分别的心即是偏情。德心是真心，偏情是假心。德心是真我，偏情是假我。但人人皆以偏情为真正之我，是倒假为真。分别一起，则有人我之别、物我之别，于是为己为我，起贪起嗔，杂念纷起。假我一显，真我即隐，道心不存矣。

需要说明的是，此《德充符》所言之情，乃人之偏情伪情，非至情真情也。在其他篇章所言真情者，德也。

形者，外在之形骸也。此我之旅舍而已，而世人却亦以为是真正之我。

名者，狭义之名指名誉名声，广义指人所追求或拥有之物。此又更外一层也。乃形之影也。

物者，一切存在也。

故真德内充者，恒常不分别也。德不荡者，常保此不分别之心也。才全者，无分别心之用也，入乎环中，与物无碍，以应无穷。庄子之意，去情充德耳，去偏情，保真德。《德充符》之旨者，忘形忘情也。此与释家所言五蕴皆空可同观也。释家所言之五蕴皆空，虽不能简单等同于庄子所言之忘形忘情，但其理相类。忘形者，类乎色蕴空之意也。忘情者，类乎受想行识诸蕴空之意也。忘形忘情者，五蕴皆空也。

27. 真人真知

在《德充符》忘形忘情证入真道之后，《大宗师》再破天人两分之见，分说次第，破生死迷执。

《庄子》三十三篇中《齐物论》为最难解者，而《大宗师》歧见最多。

《大宗师》者，道也。而真人是道的人格化体现，也即是《大宗师》的人格化承载。《大宗师》脉络分明。先言理论知识无法认知根本真实，只有证道真人方能认知根本真实。那么既然如此，真人何样？于是引出真人话题。世间种种作为皆不如融于大道之中，那么大道何样？于是又引出真道话题。真道真人皆明，那如何修道呢？又再言修道次第。修道最难者，破生死也。于是再破生死迷执。最后点明具体方法者，坐忘也。

知天之所为，知人之所为者，至矣！（既知天道亦知人道，这就是认识的最高界限了。）**知天之所为者，天而生也；知人之所为者，以其知之所知以养其知之所不知，终其天年而不中道夭者，是知之盛也。**（能认识人道，这是人运用他直接的知识去推理未直接认知的知识，这样的话也可以得养天年了。这是知识的极致了。）

虽然，有患。（但即使如此也还是有问题的。）**夫知有所待而后当，其所待者特未定也。**（人们的认识来源于认识对象，但人认识的对象是在不断变化的。）**庸讵知吾所谓天之非人乎？所谓人之非天乎？**（既然认识对象在不断变化，又怎么知道我们所认为的天然不是人为呢？又怎么知道我们所认为的人为不是天然呢？）

盖从《逍遥游》以来至《德充符》，天人理论已经非常丰富，恐学人自以为已经了悟天人之理，故破之。其实这只是理悟而非证悟。而唯有照见离言实相方为根本真知。

前五篇，说天说人，皆为权宜之说。盖大道原本浑然一体，何分天人。所以分天道与人道者，目的是使人认识到生命的局限，进而不断地修道，最终实现永恒的可能。而根本来说，天人不分，人即天生，人为亦是天为。没有没有人的天，也没有没有天的人，天人原本一体。常人执有，二乘执空，离此二者，真俗圆融。

且有真人而后有真知。（唯有证入真道方为真人，唯有真人方能知离言实相。）

常人之大知和修道者的理悟皆不是“真知”。“真知”不是知识，而是能够认识世界本质与整体的境界。这不是通过理论的理解就可以见到的。能够认识世界本质与整体的境界方为真人，真人方有真知。

何谓真人？古之真人，不逆寡，不雄成，（古之真人不欺弱，不助强，包容天下。）**不谟士。**（无虑无谋。）

若然者，过而弗悔，当而不自得也。（因为知道原本无过无当，故无悔无得。）若然者，登高不栗，入水不濡，入火不热。（游于万物而不伤。）是知之能登假于道者也若此。（只有智慧能到达与道合一的境界方能如此。）

古之真人，其寝不梦，（真人无梦。）其觉无忧，（真人无忧。）其食不甘，（其食不以甘美为务。）其息深深。真人之息以踵，众人之息以喉。（真人的呼吸深沉，直达脚跟。而众人的呼吸浅，只能到咽喉。）屈服者，其嗌言若哇。（更有甚者，气集在喉咙好像受阻一样。）其耆欲深者，其天机浅。（欲望多的人，他的慧根就很浅。）

古之真人，不知说生，不知恶死。（知根本无生无死，故不悦不恶。）其出不訢，其入不距。翛然而往，翛然而来而已矣。（出生不欣喜，入死不拒绝。无拘无束地来，无拘无束地去。）不忘其所始，不求其所终。（不忘记他原本来源于大道，不谋求分辨最后化成何物。）受而喜之，（对待任何事物都欣然接受。）忘而复之。（忘却生死，复返自然。）是之谓不以心捐道，不以人助

天，（对待大道，不增不减。）**是之谓真人。若然者，其心忘，**（忘怀一切。）**其容寂，**（无所动容。）**其颡頯。**（智慧博大。）**凄然似秋，暖然似春，喜怒通四时，与物有宜而莫知其极。**（与物无碍，与时推移。）

古之真人，其状义而不朋。若不足而不承；（公允而不偏颇。）**与乎其觚而不坚也，**（保持内在独立，但外在却随顺世俗而不固执。）**张乎其虚而不华也；**（胸怀开阔而不浮华。）**邴邴乎其似喜乎，**（始终保持平和喜乐。）**崔崔乎其不得已乎，**（行为皆不以己意。）**滀乎进我色也，与乎止我德也，**（内在德行宽厚，外在容貌可亲，因此众人皆来归附。）**厉乎其似世乎，謷乎其未可制也，**（广大如宇宙，高大如苍天。）**连乎其似好闭也，悗乎忘其言也。**（内在常寂，无心而言。）

故其好之也一，其弗好之也一。其一也一，其不一也一。其一与天为徒，其不一与人为徒，天与人不相胜也，是之谓真人。（天和人本来就是合一的，不管人喜好或者不喜好，都是合一的；不管人认为合一或者不合一，它们也都是合一的。认为天人合一的，就是真知。

认为天人两分的，就是俗知。不以人废天，不以天灭人。这就叫作真人。）

28. 相忘江湖

上文言罢真知真人，此一节再言真知所知，真人所悟之真道。

死生，命也，其有夜旦之常，天也。人之有所不得与，皆物之情也。（此言死生如昼夜，皆大道之化。要人看破生死，安于大化。）**彼特以天为父，而身犹爱之，而况其卓乎！人特以有君为愈乎己，而身犹死之，而况其真乎！**（此庄子叫醒世人之言，劝喻世人遵奉大道。）

泉涸，鱼相与处于陆，相呴以湿，相濡以沫，不如相忘于江湖。（泉水干了，鱼儿困在陆地上，用湿气互相嘘吸，用口沫互相滋润，如果这样倒不如畅游于江湖而忘怀彼此。鱼游于水，犹如人游于道。鱼离开水，人离开道，皆不自在。所以人应该忘却所有是非、恩怨、对错、美丑的标准，混一于大道之中，实现永恒之乐。）

陆地比喻有限的俗境，江湖比喻无限的道境。点醒世人，不要在陆地久了，就忘记了自己原本是一条鱼，更不要忘记了原本还有一个可以无限畅游的江湖。

陆地上的苟延残喘何足道哉！即使是相濡以沫也不应当是鱼儿的追求，鱼儿的追求应当是游于江湖之中。喻人们唯有游于道中才得自在逍遥。

与其誉尧而非桀也，不如两忘而化其道。（与其赞美尧而斥责桀，不如忘却两者的是是非非而融于大道之中。）

夫藏舟于壑，藏山于泽，谓之固矣！（把船藏在山谷里，把山藏在深泽中。此藏于有形之物也。）**然而夜半有力者负之而走，**（有形之物亦在不断变化之中，故所藏非得其所。）**昧者不知也。**（指世人智慧被遮蔽，不知根本。）**藏小大有宜，犹有所遁。**（藏小于大虽然不错，但仍然不免于亡失。）**若夫藏天下于天下而不得所遁，是恒物之大情也。**（此藏于无形之道也。藏舟于山，这是世间法的最高存身之道了。然而在造化面前何其渺小。真正的存身之道，要在与道合一。道无始无终、不增不减，那还有什么可亡失的呢？）

故圣人将游于物之所不得遁而皆存。善夭善老，善始善终，人犹效之，又况万物之所系而一化之所待乎！（所以圣人心游于道，对于老少生死都善于安适。这样的人，大家尚且效法他，又何况那决定着万物生成变化的道呢？再次启迪世人，弃假归真，起修道之志也。）

前面所说皆是劝人修道之言，然大道究竟如何？以下庄子再论大道。

夫道有情有信，无为无形；可传而不可受，可得而不可见；自本自根，未有天地，自古以固存；神鬼神帝，生天生地；在太极之上而不为高，在六极之下而不为深，先天地生而不为久，长于上古而不为老。

就本体论来讲，道是真实存在的，但这种存在在现象界是化生成了万物。道不是具体可见的某一物，而是融入万物之中，存在于万物之中，人们看不到它，只能通过万物来感受它的存在。故曰：有情有信，无为无形。

就宇宙论来讲，道自为根本，创造天地，超越时空。故曰：自本自根，未有天地，自古以固存；神鬼神帝，生天生地；在太极之上而不为高，在六极之下而不为深，先天地生而不为久，长于上古而不为老。

就认识论来讲，道只能通过悟的方式来认识，不是语言文字所能认识的。这就具有个体的差异性。你悟到了就得道了，但这种悟道却不能够直接给别人。故曰：可传而不可受，可得而不可见。可以心传而不可口授，可以在心中领悟到它，却不能用语言表述它。

29. 次第花开

前文说真道，此处再言证真道之方。这个修道的次

第是庄子在内篇中首次提出，也是极其宝贵的修道秘要。

南伯子葵问乎女偊曰：“子之年长矣，而色若孺子，何也？”（你的年龄很大了，但面色却如孩童，这是为什么呢？）

曰：“吾闻道矣。”（因为我得道了。）

南伯子葵曰：“道可得学邪？”（道可以通过理论学习得到吗？）

曰：“恶！恶可！子非其人也。（不，你不太适合。）**夫卜梁倚有圣人之才而无圣人之道，我有圣人之道而无圣人之才。**（有一个叫卜梁倚的人，他慧根深厚，是上根利人，但却没有证道之方。我慧根平平，但通过刻苦努力已经证道。此言三义。一为试南伯子葵向道之志坚不坚。师父常常断然拒绝前来的求道者，只为试其心诚不诚，其志坚不坚。若一言被拒就从此不再求道，这样的人传之亦是无益。若能够程门立雪发愿证道，这样的人学得容易，亦能够在将来担当传道之大任。二喻传道需要师父具格，弟子具器。否则，不易也。若师父不具格，尚未真正得道，则所传非真道也！若弟子不具器，慧根太浅，亦不易学也。三喻虽然慧根平平，若刻苦修道，终有证道之一日也。）**吾欲以教之，庶几其果为圣人乎？不然，**（我直接教给他成道之法，他是否就可以证道呢？也不尽然。）**以圣人之道告圣人之才，亦易矣。吾犹守而告之，**（把成道之法告诉给有慧根的人，只是闻道容易，但证道仍然不易。我不但要教给他方法，还要心传口授秘要；不但心传口授秘要，还要在他身旁守护他，如果不守护就容易出偏差。此言修道不能仅有理论，还要有实践；不但要有实践，还要有秘传心法；不但要有秘传心法，还要有师父在旁边指导。而不是读了一些理论之后，就可以自己盲修瞎练的。）**参日而后能外天下；**（成道之方须由外而内，由远而近，故首外天下。如此守护他修道，三天之后他就忘怀了功名利禄。）**已外天下矣，吾又守之，七日而后能外物；**（能够忘记功名利禄，我又继续守护他，七天以后他就忘怀了万物。）**已外物矣，吾又守之，九日而后能外生；**（能够忘怀万物之后，我又继续守护他，九天之后他就能忘记自我。）

已外生矣，而后能朝彻；（忘我之后即可一朝彻悟。）**朝彻而后能见独；**（彻悟之后，照见独立不改的大道。）**见独而后能无古今；**（随后突破时空的界限。）**无古今而后能入于不死不生。**（入于不死不生的境界。）**杀生者不死，生生者不生。其为物无不将也，无不迎也，无不毁也，无不成也。其名为撄宁。撄宁也者，撄而后成者也。”**（大道运行能使万物生成毁灭，而它自己是不死不生的。道之为物，无不一面有所送，一面有所迎；无不一面有所毁，一面有所成，这就叫作撄宁。撄宁的意思就是在纷乱的万象中保持内在的宁静。此真空妙有之意也。真空不碍妙有，妙有不碍真空，真空即是妙有，妙有即是真空。大化周流而本然常寂。虚体不变而妙应随缘，本体不移而影现十方。撄而后成者，借假修真，转烦恼成菩提也。）

庄子书中所写得道之人多以十九年为成功之期，如庖丁等。此就一般根器而言。若卜梁倚者，上根利人，可十九日而证道。

南伯子葵曰："子独恶乎闻之？"（这成道之方，你是自己独自证悟的，还是从哪里听来的？）

曰："闻诸副墨之子，副墨之子闻诸洛诵之孙，洛诵之孙闻之瞻明，瞻明闻之聂许，聂许闻之需役，需役闻之於讴，於讴闻之玄冥，玄冥闻之参寥，参寥闻之疑始。"（我是有师承的。这些来源于道论，道论来源于道言，道言来源于道见，道见来源于道听，道听来源于道行，道行来源于道悟，道悟来源于道明，道明来源于道一，道一来源于道无。）

此成道七阶乃内篇首次提出，修道次第，首外天下，外天下者，忘怀功名利禄也。此与身较远，故可三日而忘。然功名利禄虽忘，衣食住行仍有执念，故须外物，此衣食住行也。衣食住行较功名利禄又近，故须七日乃可忘怀。然而此时仍有一个"我"在。故第三步外生。此为修道最难者。盖人人皆执一个我字，最不易破，故须九日方可成功。无己丧我之后，本性发露，虚室生白，如朝阳初启，光彻大地，从而照见离言实相，契入法性真流。如此，方可与道合一。道本无始无终，无古无今，无生无死。证道之人，亦无始无终，无古无今，不生不死。此为庄子的理想境界。

闻道九阶即可逆流而上溯源，亦可顺流而下证道。闻诸副墨之子（寻于圣典），副墨之子闻诸洛诵之孙（熟读圣典），洛诵之孙闻之瞻明（见解明彻），瞻明闻之聂许（心得妙义），聂许闻之需役（精进修道），需役闻之於讴（法喜充满），於讴闻之玄冥（万法俱冥），玄冥闻之参寥（真空发露），参寥闻之疑始（寂灭现前）。

30. 生死一如

上一节说明修道次第和入道方法之后，此处再明超越生死之道，盖学人外物、外天下皆易，而独外生死最难。人生在世，生死为大，生死一了，大彻大悟。

子祀、子舆、子犁、子来四人相与语曰："孰能以无为首，以生为脊，以死为尻；孰知死生存亡之一体者：吾与之友矣。"（子祀、子舆、子犁、子来，皆修道之人。四人相互谈论说，谁能把"无"当作头颅，把"生"当作脊梁，把"死"当作尻骨，谁能知道生死存亡是一体的，我们就和他做朋友。）

以"无"为首，以"生"为脊，以"死"为尻，合起来正是"无生死"三字，此为本故事之核心义理。

四人相视而笑，莫逆于心，遂相与为友。（因共同理悟，所以妙契于心，成为道友。）**俄而子舆有病，子祀往问之。**（四子境界究竟如何？故借子舆之病以证之。盖一些修道之人，道论昭彰，然事临于己则何如吕巷中人。此理论与境界之别也。）**曰："伟哉，夫造物者将以予为此拘拘也。"**（子舆一见子祀就说：伟大啊！造物者，把我变成一个卷曲的人啊！此言一出，当知子舆境界矣。）**曲偻发背，上有五管，颐隐于齐，肩高于顶，**

句赘指天。阴阳之气有沴，其心间而无事，跰𨇤而鉴于井，曰："嗟乎！夫造物者又将以予为此拘拘也。"（子舆弯腰驼背，五脏血管向上，面部隐藏在肚脐之下，肩高于顶，颈后发髻朝天，阴阳二气错乱，可是他心中仍然若无其事，他慢悠悠地走到井边，止水鉴照，说：哎呀，造物者要把我变成一个卷曲的人啊！）

子祀曰："汝恶之乎？"（子祀问：你讨厌这样的变化吗？子祀既为道友，岂能不知子舆？但借问答以明大道耳。）

曰："亡，予何恶！（子舆修道之人，又怎么会讨厌这样的变化呢！）**浸假而化予之左臂以为鸡，予因以求时夜；浸假而化予之右臂以为弹，予因以求鸮炙；浸假而化予之尻以为轮，以神为马，予因以乘之，岂更驾哉！**（假如把我的左臂变成鸡，我就用它来报晓；假如把我的右臂变成弹弓，我就用它去打斑鸠烤了吃；假如把我的尻骨变做车轮，把我的精神化作马，我就乘着它，哪里还需要再找另外的马车呢？子舆安于大化故有此言。）**且夫得者，时也；失者，顺也。安时而处顺，哀**

乐不能入也，此古之所谓县解也，而不能自解者，物有结之。且大物不胜天久矣，吾又何恶焉！”（人因时而来，顺时而去，能够安于大化，哀乐的情绪就不会侵入于心中，这就是古时候所说的解除倒悬之苦。那些不能自求解脱的人，是被外物束缚的人。自古以来，人力就不能胜过天然，对于这样的变化，我又有什么讨厌的呢？）

此一破生死迷执。

俄而子来有病，喘喘然将死。其妻子环而泣之。子犁往问之，曰：“叱！避！无怛化！”（不久，子来生病了，急促地喘着气，就快死了。他的妻子儿女围在他的身边哭泣。子犁去探望他，对子来的家属说：赶快走开，不要惊动将要变化的人啊！）**倚其户与之语曰：“伟哉造化！又将奚以汝为？将奚以汝适？**（伟大的造化又要把你变成什么东西，又要把你变到什么地方呢？）**以汝为鼠肝乎？以汝为虫臂乎？”**（要把你变成老鼠的肝吗？还是把你变成小虫的膀子呢？）

子来曰："父母于子，东西南北，唯命之从。阴阳于人，不翅于父母。彼近吾死而我不听，我则悍矣，彼何罪焉？（言人对于父母尚且唯命是从，何况大道乎？）**夫大块载我以形，劳我以生，佚我以老，息我以死。**（大道赋予了我生命，用生存使我忙碌，用衰老让我清闲，用死亡让我休息。）**故善吾生者，乃所以善吾死也。**（生死皆大道之所化也。）**今大冶铸金，金踊跃曰：'我且必为镆铘！'大冶必以为不祥之金。今一犯人之形而曰：'人耳！人耳！'夫造化者必以为不祥之人。今一以天地为大炉，以造化为大冶，恶乎往而不可哉！"**（如果把天地当作一个大熔炉，把造化当作一个大铁匠，那么到哪里不可以呢？）**成然寐，蘧然觉。**（此遥照《齐物论》之庄周梦蝶，"俄然觉，则蘧蘧然周也"。乃再喻众人皆在梦中。）

此二破生死迷执。

子桑户、孟子反、子琴张三人相与友，曰："孰能

相与于无相与，相为于无相为？（相与，相交为友。无相与，无心而交。相为，友情相助。无相为，无心而助。此道友之交也。非世俗之朋友，相交相助皆无偏情也。）**孰能登天游雾，挠挑无极，相忘以生，无所终穷？”**（言超然物外，跳跃无极之中，忘怀生死之念，而没有穷极。）**三人相视而笑，莫逆于心，遂相与友。**（以道而交，无复多言，内契于心，故为道友。）

莫然有间，而子桑户死，未葬。孔子闻之，使子贡往侍事焉。（孔子以世俗之礼派子贡往吊。）**或编曲，或鼓琴，相和而歌，曰：“嗟来桑户乎！嗟来桑户乎！而已反其真，而我犹为人猗！”**（言子桑户已复归于自然，而孟子反、子琴张仍在俗尘。）**子贡趋而进曰：“敢问临尸而歌，礼乎？”**（子贡以世俗视之，岂能如此无礼。）

二人相视而笑曰：“是恶知礼意！”（二子修道之人，斥责子贡所言之礼乃世俗之大礼，非真道之至礼也。若真道之至礼者，顺乎造化，赞乎大化而已。）

子贡反，以告孔子，曰：“彼何人者邪？修道无有

而外其形骸，临尸而歌，颜色不变，无以命之。彼何人者邪？”（此二子不用礼仪来修饰德行，把形骸置之度外，对着尸体唱歌，面无悲哀之色。子贡不解问之孔子。）

孔子曰：“彼游方之外者也，而丘游方之内者也。（言彼二子游于世俗之外，而孔子游于世俗之内。）外内不相及，（内外不同道。）而丘使汝往吊之，丘则陋矣！彼方且与造物者为人，而游乎天地之一气。（言彼与道合一，游乎天地。）彼以生为附赘县疣，以死为决肒溃痈。（把生命看作是脓疮，把死亡看作是脓疮的溃破。）夫若然者，又恶知死生先后之所在！（如此，生死又有何分别？）假于异物，（借着不同的原素，聚合成一个形体。）托于同体；（皆为同一道体变化而来。）忘其肝胆，遗其耳目；（丧忘形骸。）反覆终始，不知端倪；芒然仿徨乎尘垢之外，逍遥乎无为之业。（游于尘世之外。）彼又恶能愦愦然为世俗之礼，以观众人之耳目哉！”（又怎能忍受世俗的繁文缛节，表演给众人看呢？）

子贡曰：“然则夫子何方之依？”（子贡见老师如

此赞叹二子，乃有此问。）

孔子曰：“丘，天之戮民也。（天之戮民，与天刑之同义也。）**虽然，吾与汝共之。”**

子贡曰：“敢问其方？”

孔子曰：“鱼相造乎水，人相造乎道。相造乎水者，穿池而养给；相造乎道者，无事而生定。故曰：鱼相忘乎江湖，人相忘乎道术。”（鱼安适于水，人安适于道。鱼游于水，安然自适。人游于道，本性自足。所以说鱼在江湖之中，就忘记一切而悠游自在；人游于大道之中，就忘记一切而逍遥自在。）

子贡曰：“敢问畸人？”（畸人者，异人也。）

曰：“畸人者，畸于人而侔于天。（言异人不同于世俗而同于自然。）**故曰：天之小人，人之君子；人之君子，天之小人也。”**（所以从自然的观点来看是小人的，却成为世俗的君子；从自然的观点来看是君子的，却成为世俗的小人。）

此三破生死迷执。

颜回问仲尼曰："孟孙才，其母死，哭泣无涕，中心不戚，居丧不哀。无是三者，以善处丧。盖鲁国固有无其实而得其名者乎？回壹怪之。"（孟孙才的母亲死了，他哭泣没有眼泪，心中不悲伤，居丧不哀痛，这样却以善处丧而闻名鲁国，颜回不解问之孔子。）

仲尼曰："夫孟孙氏尽之矣，进于知矣，唯简之而不得，夫已有所简矣。孟孙氏不知所以生，不知所以死；不知就先，不知就后；若化为物，以待其所不知之化已乎！（孟孙才了悟生死，无先无后，无生无死，顺任自然。）**且方将化，恶知不化哉？方将不化，恶知已化哉？**（人逝去的时候，人们只看到变化的现象，怎么知道有不变的本质存在呢？人活着的时候，人们以为现象固定不变，又怎么知道它其实在悄悄地变化呢？）**吾特与汝，其梦未始觉者邪！**（我和你都在梦中，还没有觉醒啊。遥照《齐物论》"丘也与汝皆梦也"。）**且彼有骇形而无损心，有旦宅而无情死。**（人有形体的变化而没有心神的损伤，有躯体的转化而没有精神的死亡。）**孟孙氏特觉，人哭亦哭，是自其所以宜。**（孟孙氏是彻悟的，他本不伤心，然而人家哭泣他也哭泣，只是略微尽点应俗之礼罢了。）**且也相与'吾之'耳矣，庸讵知吾所谓'吾之'乎？且汝梦为鸟而厉乎天，梦为鱼而没于渊。不识今之言者，其觉者乎？其梦者乎？**（人们相互说着这就是我，这个是我的，可是你怎么知道，你所说的我就真的是我呢？你做梦化成鸟在天空飞，化作鱼在水里游，此时的你是鸟是鱼？都是在做梦罢了。就像你此时亦在梦中，又岂知你不是鸟鱼之一梦？）**造适不及笑，献笑不及排，安排而去化，乃入于寥天一。"**

此四破生死迷执。

修道最难者，外生也。故四破之。若能悟根本没有所谓的生，也没有所谓的死，此处之生，即是彼处之死，此处之死，即是彼处之生，即可悟生即是死，死即是生，生死一如。生死只不过是现象世界之物化而已，若能与道合一，大化周流，则生生不已，化化无穷，何来生死可言乎。

31. 众妙之门

此一节，先破群体文化中的二元对立，再破个体内在的二元对立。而坐忘功夫堪称众妙之门。

意而子见许由。（借意而子与许由问答破群体性分别。）**许由曰："尧何以资汝？"**（尧教你什么？）

意而子曰："尧谓我：汝必躬服仁义而明言是非。"（尧告诉我：你一定要实行仁义而明辨是非。）

许由曰："而奚来为轵？（你还来这里做什么？）**夫尧既已黥汝以仁义，而劓汝以是非矣。汝将何以游夫遥荡恣睢转徙之涂乎？"**（尧既然用仁义给你行墨刑，用是非给你行劓刑，你怎么能够逍遥自在地游于大道之乡呢？此言意而子的天真本性已深受儒家文化影响。）

意而子曰："虽然，吾愿游于其藩。"（虽然这样，我还是希望游于大道之乡的边缘。言仍然愿意听闻大道。）

许由曰："不然。夫盲者无以与乎眉目颜色之好，瞽者无以与乎青黄黼黻之观。"（瞎子无法欣赏眉目颜色的美好，盲人无从欣赏彩色锦绣的华丽。喻世人已经被儒墨之是非遮蔽，就如同被蒙上眼睛一样，不能得见自然之本真。）

意而子曰："夫无庄之失其美，据梁之失其力，黄帝之亡其知，皆在炉锤之间耳。庸讵知夫造物者之不息我黥而补我劓，使我乘成以随先生邪？"（无庄忘记自己的美貌，据梁忘记自己的力气，黄帝忘记自己的聪明，这些都是在大道的陶冶中形成的。我怎么知道造物者不会养护我受了黥刑的伤痕、修补我受了劓刑的残缺，使我形体恢复完好跟从先生呢？此处以形体之伤残喻个体被群体性分别割裂，以形体之恢复完好喻重回天真本性。）

许由曰："噫！未可知也。我为汝言其大略：吾师乎！吾师乎！整万物而不为义，泽及万世而不为仁，长于上古而不为老，覆载天地、刻雕众形而不为巧。此所

游已！”（许由见意而子为可教之人，于是对其言说大道。我师法大道。大道，调和万物，却不以为义；泽及万世，却不以为仁；长于上古，却不以为老；覆天载地生化万物，却不以为灵巧。这是游心的境界啊！言世俗之仁义岂如大道之仁义。若大道之仁义，整万物而不为义；泽及万世而不为仁，生化万物，何尝自言仁义。圣人之道，但宗大道为师，与道合一，与万物同化而已。岂需仁义！）

此言若能够去除层层遮蔽则能够照见本具之光明，就可以和“调和万物，泽及万世，长于上古，覆天载地”的道合一。

颜回曰：“回益矣。”（颜回说：我进步了。）

仲尼曰：“何谓也？”（孔子说：进步什么呢？）

曰：“回忘仁义矣。”（颜回说：我忘记仁义了。）

曰：“可矣，犹未也。”（孔子说：很好，但是还不够。）

他日复见，曰："回益矣。"（过了些日子，颜回又见孔子说：我又进步了。）

曰："何谓也？"（孔子说：进步什么呢？）

曰："回忘礼乐矣！"（我忘记礼乐了。）

曰："可矣，犹未也。"（孔子说：很好，但是还不够。）

他日复见，曰："回益矣！"（又过了些日子，颜回再次见孔子说：我又进步了。）

曰："何谓也？"（孔子说：进步什么呢？）

曰："回坐忘矣。"（我坐忘了。）

仲尼蹴然曰："何谓坐忘？"（孔子惊奇地说：什么叫坐忘？）

颜回曰："隳肢体，黜聪明，离形去知，同于大通，此谓坐忘。"（颜回说：不在意形体的感知，去除认知的分别，和大道融为一体，这就是坐忘。）

仲尼曰："同则无好也，化则无常也。而果其贤乎！丘也请从而后也。"（孔子说：和万物一体就没有偏私了，参与万物的变化就不会再被一物所滞了，你果真圣贤啊，我愿意追随在你的后边，跟着你学习。）

隳肢体，即离形也。黜聪明，即去智也。此形神两忘之意也。

此一节，通过颜回一步步修道成就，导出“坐忘”一词。颜回修道第一步忘记仁义，第二步忘记礼乐，第三步坐忘。一步步解除束缚，直至物我两忘，通于大道。何为坐忘，形神两忘之意也。类乎由禅定而进入物我两忘的境界。坐乃调形，忘乃调心。即《齐物论》南伯子綦之吾丧我，其要有三：调形、调息、调心。此修道之大要也。修道的具体方法，无非就是通过种种的方便手段，来让自己进入一个宁静的状态，由定生慧，如此才能够在极安静的情况下，心如止水，鉴照万物，才能够觉照离言实相，从而契入法性真流，此为各家之要，众妙之门也。

“同则无好也，化则无常也。”这一句有甚深含义。无好者，无偏私之好也，偏私者皆为我见、我执。所以无好者，无偏也，无私也，无我也，无执也。化则无常，参与大化，则不会滞于一物。

32. 无为而治

前六章说内圣之功，学人至此内圣之学已明。此一章，在内圣基础上再明外王之道。外王者，圣人余事也，故内圣详说，外王略讲。但内圣善天，外王善人，天人两善，乃为全人。故外王亦不得不说尔。内圣的关键是顺任自然，外王的关键亦是顺任自然。内圣要在无己，外王要在无为。故庄子内圣外王之学乃无己无为也。此知至人无己乃是内圣之功，神人无功、圣人无名乃外王之道。此外王之道，无为而治，天下太平。

啮缺问于王倪，四问而四不知。（啮缺问王倪，问了四次，四次都回说不知道。）

四问四不知，即《齐物论》之四问四不知。一问知物之所同是乎？二问知子之所不知邪？三问物无知邪？四问知利害乎？

由四问四不知开端写外王之道，乃知外王之道本于内圣之功也。同时由“不知”而开端，亦明无己无为之意也。四不知喻四不为。故下面以四个故事证之。

啮缺因跃而大喜，行以告蒲衣子。（啮缺由四问四不知而领悟到物无同是的真谛，因而欢喜，于是欢快跳跃着去告诉蒲衣子。）**蒲衣子曰：“而乃今知之乎？有虞氏不及泰氏。有虞氏其犹藏仁以要人，亦得人矣，而未始出于非人。**（蒲衣子说：你现在明白了吗？有虞氏比不上泰氏啊！有虞氏还靠仁义来收买人心，虽然也能使人顺从，但是还没有超脱外物。）**泰氏其卧徐徐，其觉于于。**（睡时安闲舒适，醒时逍遥自在。）**一以己为马，一以己为牛。**（任凭人们把他称为马、称为牛。）**其知情信，其德甚真，**（知，智也。情信，有情有信也。有情有信者，道也。其知情信，喻合道也。其德甚真者，真德内充也。故内怀道德，众物来集，而况人乎？此比泰氏以仁义吸引众人远甚。）**而未始入于非人。”**（从来没有受外物的牵累。）

此一倡无为而治。

肩吾见狂接舆。狂接舆曰：“日中始何以语汝？”（肩吾见狂接舆，狂接舆问：日中始对你说了些什么呢？）

肩吾曰：“告我：君人者以己出经式义度，人孰敢不听而化诸！”（肩吾说：他告诉我做国君的根据自己的意志制定法度，人民谁敢不听从而化为他们的行动呢？）

狂接舆曰：“是欺德也。其于治天下也，犹涉海凿河而使蚊负山也。夫圣人之治也，治外乎？正而后行，确乎能其事者而已矣。且鸟高飞以避矰弋之害，鼷鼠深穴乎神丘之下以避熏凿之患。而曾二虫之无知！”（狂接舆说：这是骗人的话，这样去治理天下，就如同在大海里凿河，让蚊虫背负大山一样。圣人治理天下，是用法度绳之于外吗？圣人是先正自己而后化人，任人各尽所能。这些凭己意而制定的法度加之于民，其祸害远甚于弓箭之于鸟、烟熏铲掘之于鼷鼠。鸟儿尚且知道高飞躲避弓箭的伤害，鼷鼠尚且知道深藏社坛下避开烟熏铲掘，百姓还不如这两种虫子吗？）

此二倡无为而治。

天根游于殷阳，至蓼水之上，适遭无名人而问焉，曰："请问为天下。"（天根问无名人治理天下的方法。此无名人者，喻圣人无名之意也。）

无名人曰："去！汝鄙人也，何问之不豫也！予方将与造物者为人，厌则又乘夫莽眇之鸟，以出六极之外，而游无何有之乡，以处圹埌之野。汝又何帠以治天下感予之心为？"（无名人游乎无何有之乡，世俗的功名利禄早已变得粗重不堪。）

又复问，无名人曰："汝游心于淡，合气于漠，顺物自然而无容私焉，而天下治矣。"（见再问，故略说：恬淡、寂寞、无为，顺任自然，不藏私意，则天下治矣。）

此三倡无为而治。

阳子居见老聃曰："有人于此，向疾强梁，物彻疏明，学道不倦。如是者，可比明王乎？"（阳子居问老聃，有这样一个人，思维敏捷、行事果断、待人接物非常明彻、勤奋学习。像这样的人，可以与明王相比吗？）

老聃曰："是于圣人也，胥易技系，劳形怵心者也。且也虎豹之文来田，猨狙之便来藉。如是者，可比明王乎？"（老聃回答说，在圣人看来，这样的人，就像掌管乐舞的官员，总是为技能所累，身心劳苦。虎豹因为皮上的花纹招来了猎人，猿猴因动作敏捷才被绳索系住。这些怎么可以与明王相比呢？）

阳子居蹴然曰："敢问明王之治。"

老聃曰："明王之治：功盖天下而似不自己，化贷万物而民弗恃。有莫举名，使物自喜。立乎不测，而游于无有者也。"（阳子居问什么才是明王之治？老聃说，明王治理天下，就是在不知不觉中化成天下，他自己立于变化莫测的境地，与道同游。）

此明虚藏之意。杨子居以干练之人比拟明王。老聃认为，这种人只停留在术的层面，未及“道”。这种凭借才干而显达的人也必被才干所累。正如虎豹因皮而被害，猿猴因敏捷而被伤一样。什么是明王？在老聃看来就是虚藏。

此四倡无为而治。

庄子的无为而治思想在外杂篇中大倡其义。

33. 壶子相面

《应帝王》篇，名为应帝王，乃明外王之道，但从第五段开始以后的三段内容却并非仅论外王之道。前四段，以四不为倡无为而治，明外王之道，之后转而以三段妙言结尾全篇。此三段妙言非《应帝王》篇之结尾，乃内七篇之结尾也。因外王之道，乃圣人余事，故四问即明。内圣外王之道即明，再做一番扫除功夫，学人乃可舍舟登岸，至彼光明圣境。

郑有神巫曰季咸，知人之死生、存亡、祸福、寿夭，期以岁月旬日若神。郑人见之，皆弃而走。列子见之而心醉，归，以告壶子，曰："始吾以夫子之道为至矣，则又有至焉者矣。"（郑国有一个善于相面的人名叫季咸，能预知人的生死存亡、祸福夭寿，甚至能算到年月日，精确如神。郑国人见到他，害怕他说出不好的事情，于是纷纷逃走避让。列子见到这个人，被这种相术迷醉。回来以后，他跟他的老师壶子说：原先以为先生的道理是最高明的了，现在才知道还有比先生更高明的。）

壶子曰："吾与汝既其文，未既其实。而固得道与？众雌而无雄，而又奚卵焉！而以道与世亢，必信，夫故使人得而相汝。尝试与来，以予示之。"（壶子说：我教你的只是皮毛，真正内核的东西还没有传给你，你就以为得道了吗？只知其一，不知其二，怎么可能有结果呢？你内德外荡，骄傲自得，喜欢得到别人的肯定和称赞，所以被人窥测到你的心事，别人才能够通过你的容貌知道你。你把他请来，我给你展示一下我的功夫。）

明日，列子与之见壶子。出而谓列子曰："嘻！子

之先生死矣！弗活矣！不以旬数矣！吾见怪焉，见湿灰焉。”

列子入，泣涕沾襟以告壶子。壶子曰：“乡吾示之以地文，萌乎不震不正，是殆见吾杜德机也。尝又与来。”（第二天，列子带季咸给壶子看相。季咸出来后对列子说：你的老师很快就要死了。他形色怪异，面如湿灰。列子非常伤心，他把季咸的话转述给壶子。壶子告诉他：我给他展示的是由有入空的境界，他看见全无生机，故有此言。你让他明天再来。）

明日，又与之见壶子。出而谓列子曰：“幸矣！子之先生遇我也，有瘳矣！全然有生矣！吾见其杜权矣！”

列子入，以告壶子。壶子曰：“乡吾示之以天壤，名实不入，而机发于踵。是殆见吾善者机也。尝又与来。”（过了一天，列子再次带季咸给壶子看相，出来后，季咸说：你的老师有幸遇到我，他有痊愈的希望了。我看到他闭塞的生机开始活动了。列子又把季咸的话转述给壶子。壶子告诉他：我给他展示的是由空照有的境界，他看见生机若现，故有此言。你让他明天再来。）

明日，又与之见壶子。出而谓列子曰：“子之先生不齐，吾无得而相焉。试齐，且复相之。”

列子入，以告壶子。壶子曰：“吾乡示之以太冲莫胜，是殆见吾衡气机也。鲵桓之审为渊，止水之审为渊，流水之审为渊。渊有九名，此处三焉。尝又与来。”（又过了一天，季咸第三次给壶子相面，出来后对列子说：你的老师形色不定，我无法给他看相。等他形色确定的时候再来吧。列子又把季咸的话转述给壶子。壶子告诉他：我给他展示的是非空非有的境界，他把握不定，故有此言。你让他明天再来。）

明日，又与之见壶子。立未定，自失而走。壶子曰：“追之！”列子追之不及。反，以报壶子曰：“已灭矣，已失矣，吾弗及已。”

壶子曰：“乡吾示之以未始出吾宗。吾与之虚而委虵，不知其谁何，因以为颓靡，因以为波流，故逃也。”（又过了一天，季咸第四次去给壶子看相，一见面，还没有站定就逃走了。壶子让列子去追，却没有追上。列子回来，壶子对列子说：我给他展示的是亦空亦有的境界，他怎知大道妙用，所以逃走了。）

然后列子自以为未始学而归。三年不出。为其妻爨，食豕如食人，于事无与亲。雕琢复朴，块然独以其形立。纷而封哉，一以是终。（这时列子才知道自己实际上没有学到什么。从此，他回到家中三年不出门。替他妻子做饭，喂猪就像伺候人一样。对任何事物都无远近亲疏，去除人为雕琢，复返自然天真，面对世俗纷纭，持守真朴，不存偏情，终身如此。）

壶子相面这一节，乃壶子示现修道功夫也，世俗以哲学解之，岂不谬哉！此乃庄子秘传心法，学人可深悟。

此壶子相面示现四重境界，实乃坐忘功夫之次第。

第一重境界：示之以地文，萌乎不震不正，止水之审为渊，杜德机也。萌者，芒也。不震者，不动也。不正者，不外显也。渊者，修道之甚深境界也。以地喻静，此由有入空，进入深定，形同槁木，心如死灰。此止水之意，生机全无。以其生机全无，故曰杜德机也。

第二重境界：示之以天壤，名实不入，而机发于踵，流水之审为渊，善者机也。以天喻动，此由空照有，止后升起观照功夫，观照即起，而名实不入，此流水之意也。以其升起观照，故曰善者机也。

第三重境界：示之以太冲莫胜，鲵桓之审为渊，衡气机也。以太冲喻混元一气，毫无征兆。此非有非空。鲵桓者，似动非动，似静非静也，以其恒守太虚，故曰衡气机也。

第四重境界：示之以未始出吾宗。吾与之虚而委蛇，不知其谁何，因以为颓靡，因以为波流，妙应机也。此寂而常照，照而常寂，寂照双遣，本性发露，而妙有含藏。所示非吾本然之气，亦有亦空，妙应随缘。以其变化万端，莫能测度。故曰妙应机也。

此一节处处昭示修道功夫。开篇列子之所以被相士测度者，乃列子内德外荡，显形于外，此劝喻世人虚藏之意也。中间壶子示现入道功夫。结尾为列子修道之道。“三年不出”专志于修道也。“为其妻爨”，一反以往“以道与世亢”之骄傲自得，变得无比谦卑。“为其妻爨”者，无人我之别也。“食豕如食人”者，无物我之别也。“于事无与亲”者，万物齐一也。“雕琢复朴”者，复返自然也。“块然独以其形立”者，有人之形，而无人之情也。“纷而封”者，撄而宁也。“一以是终”者，终身不改也。

此一节总含三义。其一，示现修道功夫。其二，修道中，或见外道或见神通，学人容易为其吸引而迷失方向。此处劝喻学人不慕神通，勿为外道所迷，坚定信念，正道直行。其三，以壶子含藏神功而不用，为劝喻迷徒，逼不得已而示现，喻神人无功。

34. 应而不藏

无为名尸，（不累于名。）**无为谋府，**（无谋无虑。）**无为事任，**（不刻意而为。）**无为知主。**（不认知分别。）**体尽无穷，而游无朕。**（体会无穷无尽的大道，游于无何有之乡。）**尽其所受乎天，而无见得，**（一任自然，不存我见。）**亦虚而已！**（这样就是空明的心境。）**至人之用心若镜，不将不迎，应而不藏，故能胜物而不伤。**（至人的德心就像镜子一样，任物来去，不迎不送，明照万物，不留不藏，所以能超然物外而不被物伤。）

这段妙言只有几句话，但有甚深含义。特别是应而不藏，乃是修道之至要。俗人且应且藏，草木不应不藏，唯有应而不藏，方为道妙。学人若能时时觉知，处处鉴照，而不起心动念，既不喜而近，亦不厌而远，不喜不忧，不送不迎，不着一物，不滞一物，不执一物，随缘任运，一切现成，纵浪大化，事事圆融，则可超然物外，与道悠游。

《逍遥游》之无己、《齐物论》之丧我、《养生主》之无厚、《人间世》之心斋、《德充符》之止水、《大宗师》之坐忘、《应帝王》之不藏，庄学核心义理一脉相通，此至要也。

35. 复返混沌

南海之帝为儵，北海之帝为忽，中央之帝为浑沌。（南海之帝叫作“儵”，北海之帝叫作“忽”，中央之帝叫作“浑沌”。）**儵与忽时相与遇于浑沌之地，浑沌待之甚善。**（这南北二帝经常相会于中央浑沌之地，浑沌对他们没有分别，都很好。）**儵与忽谋报浑沌之德，曰：“人皆有七窍以视听食息，此独无有，尝试凿之。”**（于是南北二帝商量报答浑沌的美意。以人人皆有七窍，可以看、听、饮食、呼吸，唯独浑沌没有，就为其开凿七窍，使浑沌可视、可听、可食、可息。）**日凿一窍，七日而浑沌死。**（他们一天为浑沌凿开一窍，到了第七天，七窍凿成，浑沌却死了。）

儵忽者，极速也，敏而有为也。浑沌者，徐徐，于于，浑然天真也。七窍者，欲念分别之门也。七窍成而道即失也，六根动而真即灭也。七窍即开，六境乃生，欲念纷起，执着分别，喜怒哀乐迭起，混一之道不存。此七窍所立之我乃是虚妄分别之假我，浑然天真之我乃与道合一之真我。此假我生而真我灭。此一节遥照《齐物论》。《齐物论》以吾丧我开篇，乃假我灭真我生。《应帝王》以破浑沌结篇，乃假我生而真我灭。通观七篇，《应帝王》以四不为喻圣人无名，以壶子相面喻神人无功，以用心若镜、凿破浑沌喻至人无己。妙合《逍遥游》“至人无己，神人无功，圣人无名”之义。前后呼应，因果俱说，本末已知，浑然成说矣。

《庄子》之内七篇合而为一，散而为七，结构严谨。先以《逍遥游》明弃凡向圣之志，再以《齐物论》明万物齐一之理。然修道之人须因应俗世、借假修真，故以《养生主》《人间世》明保身全生之道。又恐人执着于五蕴和合之假我，故再以《德充符》破之。至《大宗师》，直述真人，分说次第，传坐忘功夫。内圣已明再述外王，外王者，圣人余事也，故四问即明。内圣外王之道即明，庄子仍有三件大事要说。以壶子相面劝喻修道者，坚定信心，正道直行，勿为外道神通所迷惑。以用心若镜劝喻修道者，时时觉知，不可放逸，任物来去，不迎不送，明照万物，应而不藏。以浑沌寓言点明凡圣之别之根本原因皆因凿破浑沌，若能六根不用，复返浑沌，则能与道合一，超凡入圣。

至于内篇为何以七为数，乃即合修道次第七阶之数，亦喻七窍修法也。儵忽一日凿一窍，以致浑沌不存。庄子一篇遣一窍，乃令大道复生。如“天之苍苍，其正色邪”（视觉），“汝闻人籁而未闻地籁，汝闻地籁而不闻天籁夫”（听觉），“不食五谷，吸风饮露”（饮食），“真人之息以踵”（呼吸）等等，皆以六根修法暗含其中。随拔一根，六根皆脱，学人可不悟乎？

观其方法，皆从定中而来。唯有“心斋”“坐忘”，方能“撄而后宁”，于是“无己”“丧我”“虚室生白”，起“以明”之功用，如“止水鉴物”一般，以本具之光明“朝彻”“万物齐一”之圣境。万物齐一，大道混沌，无人我之别，无物我之分，不着一物，变化万物，妙用无穷。在物则处处皆我，应人则无形而心成，入世则尘垢粃糠犹陶铸尧舜。此《庄子》之至义也。

36. 无象得珠

黄帝游乎赤水之北，（黄帝游历于赤水的北面。）**登乎昆仑之丘而南望。**（登上昆仑山向南眺望。）**还归，遗其玄珠。**（从昆仑山回来，途中遗失了宝珠。）**使知索之而不得，使离朱索之而不得，使喫诟索之而不得也。**（黄帝让“知”去寻找，可是怎么也找不到。又相继让“离朱”和“喫诟”去寻找，也找不到。）**乃使罔象，罔象得之。**（后来，黄帝让“罔象”去寻找，结果“罔象”找到了。）**黄帝曰：“异哉！罔象乃可以得之乎？”**（黄帝非常惊讶地说：“真奇怪呀！只有罔象才能找得到宝珠吗？”）

此乃《天地》篇著名寓言，以黄帝得珠来喻证道的途径。“知”者，喻世智也。“离朱”者，喻明鉴也。

“喫诟”者，喻语言也。“罔”者，无也。“罔象”者，无象也。“玄珠”者，大道也。世人想要证道，往往从内在的智力、外在的分析和相互间的语言辩论中寻，知识的获得唯恐不够，对外物的分析唯恐不透，却不知大道非世智辩聪可得。唯有不着一物、不存一相，方能与无形无相之大道合一。

学习与修道是两种不同的方式。为学日益，为道日损。学习是知识越多越好，但修道却恰恰相反，修道乃是要去除所有知识的束缚，返回到生命的纯粹。而世人想从精深的知识中寻找道，岂不可笑乎！

37. 定慧等持

缮性于俗学以求复其初；滑欲于俗思以求致其明，谓之蔽蒙之民。（用世俗的学问来修养本性，以求复归本初。用世俗的见识来满足欲望，以求得到根本的智慧。这样的人岂不是很愚昧吗？）

古之治道者，以恬养知。知生而无以知为也，谓之以知养恬。知与恬交相养，而和理出其性。（古时候修道的人，总是以恬静涵养智慧。智慧生成却不执着于智慧，执守无为之境，这就是用智慧涵养恬静。智慧和恬静互相涵养，因而和顺之理就会从本性中生发。）

此一节，乃言定慧等持也。以恬养知，则由定生慧也。以知养恬，则借慧入定也。知恬双养，则定慧等持也。此修道之妙门也。此亦止观双运之义也。从修道方便而言，定慧有别。只求定，往往会成枯禅。只求慧，往往会成狂慧。修道总是以文字契入观照，以观照证入实相。先以对修道理论的理解智慧而入修道之途，再以入定功夫起觉照之用。若从根本而言，其实定慧一如。定即是慧，慧即是定。定为慧体，无定不起慧用；慧为定用，无慧不显定德。一念清静，本具之智慧自然生起。智慧觉照，自然妄念全无。当生命进入微妙光明之境界，于清静无碍中觉照一切，此时，即定即慧，即慧即定。智慧现前，定在慧中，大定入境，慧在定中。本自一体，何有分别乎！

38. 众生颠倒

古之行身者，（古时候保全生命本真的人。）**不以辩饰知，**（不以辩论装点智慧。）**不以知穷天下，**（不以智力穷究万物。）**不以知穷德，**（不以知识伤害内德。）**危然处其所而反其性，已又何为哉！**（独立自处而返回自然的本性，还有什么需要做的呢？）**道固不小行，德固不小识。**（道不是世俗的小行，德不是世俗的小识。）**小识伤德，小行伤道。**（世人之行皆为小行，世人之识皆为小识。小识、小行在于分别，分别一起，大道即隐，真德即失。）**故曰：正己而已矣。乐全之谓得志。**（修道者，但正己而无偏，无偏则天性得全，安适于全真的天性之中就是最幸福的了。）

古之所谓得志者，非轩冕之谓也，谓其无以益其乐而已矣。（古时候所谓的幸福并不是功名利禄，而是说天性得全本就是最高的幸福。）**今之所谓得志者，轩冕之谓也。**（如今世俗所说的幸福是指功名利禄。）**轩冕在身，非性命也，物之傥来，寄者也。**（功名利禄并非生命的本真。名利偶然到来如同暂时寄存你处。）**寄之，其来不可圉，其去不可止。**（暂时寄存的东西来的时候不能抵御，去的时候不能阻止。）**故不为轩冕肆志，不为穷约趋俗，**（所以不要为了功名利禄而迷失本性，不要因为穷困潦倒而沉沦世俗。）**其乐彼与此同，故无忧而已矣！**（把穷达看成是相同的，还有什么可忧愁的呢！）**今寄去则不乐。由是观之，虽乐，未尝不荒也。**（现在暂时寄托的东西失去了便不快乐，这样看来即使有过快乐，又何尝不是心灵的荒芜呢？）**故曰：丧己于物、失性于俗者，谓之倒置之民。**（所以说，丧失真我于物欲，迷失本性于世俗，这就是本末倒置的人。）

此一节，点醒世人众生颠倒。世人以功名利禄为幸福之本，却不知此外在之物乃暂时寄存。世人以此为根本，得到就快乐，失去就悲伤，在世俗物欲中丧失天真本性，不知天真本性中本自具足一切，何须外求。世人以天真本性为虚幻，以功名利禄为实在，真正是以真为假，以假为真。

39. 井底之蛙

秋水时至，百川灌河。泾流之大，两涘渚涯之间，不辨牛马。（秋天，河水上涨，百川汇于一河之中，因水面极其宽阔，距离太远，两岸和河中水洲之间是牛是马也无法分辨。此极言其大。）**于是焉河伯欣然自喜，以天下之美为尽在己。**（于是河伯洋洋自得，认为自己已达至境。此喻世俗大知之人，自以为汇通百家，学问已达至高境界。）**顺流而东行，至于北海，东面而视，不见水端。**（河伯顺着水流向东行进，到了北海，他向东眺望，根本看不到大海的边际。）**于是焉河伯始旋其面目，望洋向若而叹曰："野语有之曰：'闻道百，以为莫己若者。'我之谓也。**（这时河伯望着大海感叹说：

“俗话说，明白了很多道理，总以为谁都不如自己，这就是说的我吧。”喻世俗大知之人陷溺于其所知之中，骄傲自满。唯有缘得见至知大道，乃知自己粗陋不堪。）**且夫我尝闻少仲尼之闻而轻伯夷之义者，始吾弗信。今我睹子之难穷也，吾非至于子之门则殆矣，吾长见笑于大方之家。”**（我曾经听说有人小看孔子的见闻、轻视伯夷的义行，起初我不相信，现在我看到您这样博大无穷，我才明白原来天外有天、人外有人。如果不到您这里来，我就永远生活在鄙陋之中，一定会被悟道之人所讥笑了。喻世人皆以孔子之学、伯夷之行为至高至大，皆因不知大道故耳。）

北海若曰：“井蛙不可以语于海者，拘于墟也；夏虫不可以语于冰者，笃于时也；曲士不可以语于道者，束于教也。（北海说，井里的蛙不可以和它谈论大海，这是因为它受到了空间的限制；夏天的虫子不可以和它谈论冰，这是因为它受到了时间的限制；有偏见的人，不可以和他谈论大道，这是因为他受到了认知模式的限制。）**今尔出于涯涘，观于大海，乃知尔丑，尔将可与语大理矣。**

（涯涘者，此岸也，凡境也。喻从前大知之人为凡境所限，未睹真道。今乃得见彼岸之圣境。此时方知从前之鄙陋。如此，方能与闻大道。）**天下之水，莫大于海；万川归之，不知何时止而不盈；尾闾泄之，不知何时已而不虚；春秋不变，水旱不知。**（此以大海不盈不虚喻大道不增不减。）**此其过江河之流，不可为量数。**（此喻至知之人通达万物，非世俗大知可以比拟。）**而吾未尝以此自多者，自以比形于天地，而受气于阴阳，吾在于天地之间，犹小石小木之在大山也。方存乎见少，又奚以自多！**（悟道之人，境界高远却不以为大，因知自己不过是天地赋予形体，阴阳赋予生气，在天地之间恰如小石头、小树木在大山上一样，又怎会骄傲自满呢？）**计四海之在天地之间也，不似礨空之在大泽乎？计中国之在海内，不似稊米之在大仓乎？**（四海在天地之中，正如蚁穴在大泽中一样；中国在四海之内，正如小米在大仓中一样。）**号物之数谓之万，人处一焉；**（人类只是万物之一种。）**人卒九州，谷食之所生，舟车之所通，人处一焉；**（个人只是人类的一分子。）**此其比万物也，**

不似豪末之在于马体乎？（个人和万物相比，不就像一根毫毛在马身上一样吗？）**五帝之所连，三王之所争，仁人之所忧，任士之所劳，尽此矣！**（三皇五帝所争所夺，仁人志士所虑所求，不过是此马背之一毫毛而已。）**伯夷辞之以为名，仲尼语之以为博。此其自多也，不似尔向之自多于水乎？"**（伯夷以辞让博得美名，孔子以言说显示智慧，他们这样显异于人，不就像你刚才对于河水的自夸一样吗？）

此一节，以河海对话喻凡圣见识高低之别也。以河伯喻凡境大知之人，以北海喻圣境至知之人。世俗大知之人自以为博览群书，比于世俗小知之人自然见识甚高。然而见识再高，亦是常人之见，仍然属于虚妄分别。此大知以道观之乃是小知偏知，所知非根本真实。此斥小向大之意与《逍遥游》同。然《逍遥游》之蜩与学鸠未见大道，故而嘲笑大鹏。此处河伯已亲见大道，故而自知鄙陋。

然无论大知、小知，常人未能证道者，原因有三：

一是空间，二是时间，三是认知模式。被空间坐标所限，故井蛙不知有海。被时间坐标所限，故夏虫不知有冰。被认知偏见所限，故曲士不知有道。因此三者，故举世常人若井底之蛙，不知有海，即使有得道者言井外有海，必不信而笑之。唯有突破时空坐标的束缚，摒弃世俗认知的偏见，方能亲见大道真容。

40. 曳尾涂中

庄子钓于濮水。楚王使大夫二人往先焉，曰："愿以境内累矣！"（庄子在濮水钓鱼，楚威王派了两个大夫去礼聘庄子，希望将国内的政事委托庄子。）

庄子持竿不顾，曰："吾闻楚有神龟，死已三千岁矣。王巾笥而藏之庙堂之上。此龟者，宁其死为留骨而贵乎？宁其生而曳尾于涂中乎？"（庄子听闻了他们的来意，鱼竿都没有动一下，看都不看他们，说：我听说楚国有只神龟，已经死了三千年了，国王把它盛在竹盒里，用布巾包裹，藏在庙堂之上。请问这只龟，宁愿死了留下一把骨头让人尊敬呢？还是愿意活着拖着尾巴在泥巴里打滚呢？）

二大夫曰："宁生而曳尾涂中。"（两位大夫说：宁愿活着，拖着尾巴在泥巴里打滚。）

庄子曰："往矣！吾将曳尾于涂中。"（庄子说：好了，你们可以回去了。还是让我拖着尾巴在泥巴里打滚吧。）

庄子一生淡泊名利，一心修道，不入庙堂。因一入名利场中，不但生命有忧，不得自由，而且陷溺于凡尘，与俗交相斗构，与物相刃相磨，内德外荡，以致纯白不备、天真不存，而成夭阏之大鹏。故于轩冕避之唯恐不及，岂能就聘于楚王。

这一故事为庄子一生坚守其志之忠实写照。庄子并非夸夸其谈之大知，而是躬身实践之真人。庄子一生贫困，尝借贷于监河侯，然而虽屡次断炊，面对千金之富、相国之贵，却能丝毫不动。观如今修道之人，于儒释道不乏宏论，然名利当前，早把修道抛之九霄云外。其中，一半为假修道者；另一半修道虽真，然纯为理论，实证功夫不够，定力不足，其志不坚，故易为外物摇动耳。

41. 知鱼之乐

庄子与惠子游于濠梁之上。（庄子和惠子在濠水的桥上观赏风景。）**庄子曰："鲦鱼出游从容，是鱼之乐也。"**（庄子看着水中的鱼儿说，鱼儿优哉游哉地游着，这是鱼的快乐啊。）

惠子曰："子非鱼，安知鱼之乐？"（惠子说，你不是鱼，你怎么知道鱼是快乐的？）

庄子曰："子非我，安知我不知鱼之乐？"（庄子说，你不是我，你怎么知道我不知道鱼是快乐的。）

惠子曰"我非子，固不知子矣；子固非鱼也，子之不知鱼之乐，全矣！"（惠子说，我不是你，当然不知道你。可你也不是鱼，所以你也不可能知道鱼的快乐，这个逻辑是很完备的。)

庄子曰:“请循其本。子曰‘汝安知鱼乐’云者,既已知吾知之而问我。我知之濠上也。”(庄子说,还是回到话题的开头吧。当你说‘你在哪里知道鱼是快乐的’这句话的时候,其实表明你已经知道我知道鱼的快乐,才来问我在哪里知道的。那么我是在哪里知道鱼的快乐的呢?我是在濠水的桥上知道的呀。)

千百年来,人们在解读庄子和惠子的这场濠梁之辩时,歧见颇多。有的说惠子赢了,有的说庄子赢了,时至今日也没有达成一致的意见。其实这本身也不是一场辩论,庄、惠相识多年,庄子惜惠子之才,惠子敬庄子之智,然而两者认识事物的方式不同,人生志趣各异,常常意见分歧。惠子为名家代表人物,擅长的是逻辑分辨,而庄子“圣人不由,照之于天”,不走这种逻辑分辨的路子,而是以明明道,体感证悟。然而这种方式是惠子不能理解的。惠子一生志在庙堂,庄子一生志在逍遥,两人志趣不同。此次郊游,庄子以游鱼之乐,劝喻惠子，淡泊名利，复返自然，如此，方可逍遥而游。然惠子“子非鱼”一句即出，庄子已知所劝非人，故只好以子之矛攻子之盾，以戏论收场。

从逻辑论来看，惠子更胜一筹，因为惠子要求庄子证明知鱼的方式，而庄子不正面回答，先以“子非我”偷换概念，再以“汝已知”偷换命题，最终使这场辩论成了对牛弹琴的戏论。但从认识论来看，庄子境界更高。在庄子看来“天地与我并生，万物与我为一”，故而人与万物相感相通。庄子认识世界的方式是感通万物。而惠子认识世界的方式靠的是逻辑分辨。庄子在物上不断地合，惠子在物上不断地分。所以两个人的认识论截然相反。在认识万物上，庄子所持的是开放的心灵，而惠子所持的是封闭的心灵，正如庄子所批判的“夫子犹有蓬之心也夫”，惠子心灵闭塞，所以不能够感通万物。以惠子的思路发展下去，人不能够认知异类的鱼，进而人也不能够认知同类的人，那么万物皆不可知。这当然是行不通的。而庄子认识的方式是体感证悟的，这种方式本身是超越逻辑与经验的。它既不能被证明，也不能被证伪，唯有证者自知，故而庄子只是表达，无意讨论。

若以感通万物的视角来看待这场讨论，大意如下：

庄子说，万物可以感通。（我知鱼乐。）

惠子说，人不能够感知异类。（你不可能知道鱼乐。）

庄子说，人的认识能力有差别，你不能，不代表别人不能。（子非我，安知我不知。）

惠子说，人与人，人与物皆不可感通。（我不是你，因此不能认识你。你也不是鱼，同样不能认识鱼。）

庄子说，既然你认为万物皆不可感通，再论下去就没有任何意义了。回到开头吧，当你说安知鱼乐的时候，其实你是在听到我知道鱼的快乐的基础上问我的，那我现在告诉你，我是在桥上知道的。“安”这个字既有“怎么”的意思，又有“哪里”的意思。既然你认为万物皆不可感通，那么与你讨论“怎么”的问题已经没有意义了，我就只能回答“哪里”的问题了，我在哪里知道的，我在桥上知道的。

其实惠子的逻辑也有漏洞，惠子承认自己不能认知庄子，同时认为庄子不能认知鱼乐，这本身是个悖论，你既然不能认知庄子，就不可能认知到庄子能否知鱼乐。惠子断定“庄子不能认知鱼乐”和“不知庄子”之间产生矛盾。

另外，惠子首先偷换了概念，“鱼游得从容，是鱼的快乐”，从逻辑上并不等价于“我知鱼乐”。

表面上，是庄子陷入了惠子的逻辑陷阱，其实是惠子陷入了庄子的语言陷阱。如果惠子接以“你我虽然不同，但都是同类，故可认知。而鱼与我们分属异类，故不可知”，可能又是另一番对话了。

鱼游于水，如人游于道。这段对话，起点是庄子借游鱼之乐，劝喻惠子远离名利，逍遥自适。核心分歧乃是认识世界方式的巨大差异。惠子将原本混一的道，分割出无穷的是是非非，使物物相隔离，皆因心灵闭塞，不能感而遂通。

如果说惠子话语中蕴涵的是内在心灵世界不可知的话，那么客观世界是凭借主观意识呈现的，离开了内在心灵，外在的客观世界就没有意义。庄子“看见”鱼的快乐，其实是他自己正处在快乐之中啊！

42. 至乐无乐

天下有至乐无有哉？有可以活身者无有哉？今奚为奚据？奚避奚处？奚就奚去？奚乐奚恶？（天下有没有最高级的快乐呢？有没有可以幸福生活的方法呢？如果有的话，要做些什么？依据什么？避开什么？安于什么？从就什么？舍弃什么？喜欢什么？讨厌什么呢？）

夫天下之所尊者，富贵寿善也；（天下所推崇的，就是财富、地位、长寿、美名。）**所乐者，身安厚味美服好色音声也；**（天下人所喜欢的，就是身体的舒适、丰盛的美食、华丽的衣服、美好的颜色、悦耳的声音。）**所下者，贫贱夭恶也；**（天下人所讨厌的，就是贫穷、卑贱、夭折、恶名。）**所苦者，身不得安逸，口不得厚味，形不得美服，目不得好色，耳不得音声。**（所苦恼的，就是身体不能得到安逸，不能得到美食、华服，不能看到美好的颜色，不能听到美妙的声音。）**若不得者，**

则大忧以惧，其为形也亦愚哉！（如果得不到这些就大为忧惧，这样被外在的形骸所驱使不是太愚蠢了吗？）

今俗之所为与其所乐，吾又未知乐之果乐邪？果不乐邪？（如今世俗所追求的快乐，我不知道是真的快乐还是假的快乐？）**吾观夫俗之所乐，举群趣者，诬诬然如将不得已，而皆曰乐者，吾未之乐也，亦未之不乐也。**（我看现在社会上所追求的快乐，群起追逐，十分执着，欲罢不能。然而大家认为的快乐，我不知道是不是真正的快乐。）**果有乐无有哉？**（有没有真正的快乐呢？）**吾以无为诚乐矣，又俗之所大苦也。**（清静无为才是真正的快乐，可是世俗却不喜欢。）**故曰：至乐无乐，至誉无誉。**（最高级的快乐是“无乐”，最高级的荣誉是“无誉”。）

这是一篇庄子的幸福论。庄子要讨论的是真正的快乐、最高级的快乐究竟是什么。世人认为的幸福，是财富、地位、长寿、美名，是身体的舒适、丰盛的美食、华丽的衣服、美好的颜色、悦耳的声音。然而庄子却不这么认为。庄子认为这些快乐都不是真正的快乐，更不是最高级的快乐。“其为形也亦愚哉！”庄子认为，这些快乐都是为了外在之形，而不是为了内在之神。在庄子看来，最高级的快乐是“无乐”。什么是“无乐”呢？就是不再以感官的享乐为快乐，不再以世俗的快乐为快乐。世俗的快乐、感官的快乐皆是五蕴和合之小我的感受和认知，是这个小我在予取予求，是这个小我在喜怒哀乐。当你能够突破小我的束缚，此时才是真正的、最高级的快乐。（这里用快乐两个字也是因应世俗的思维特点，本质来说没有所谓的快乐感受，也没有快乐的境界，也没有快乐的概念。）怎么才能成就这样最高的真正的快乐呢？庄子给出了一个方法，那就是“无为”。“吾以无为诚乐矣。”只有清静无为方为真乐。这两种快乐的不同在于，世俗之乐是虚幻不实的、低层次的、外在的、短暂的，而超越之乐是根本真实的、高层次的、内在的、永恒的。可是庄子知道世人很难喜欢上真实的快乐。“又俗之所大苦也。”世人只喜欢虚幻不实的、低层次的、外在的、短暂的假乐，却不喜欢根本真实的、高层次的、内在的、永恒的真乐，这真是本末颠倒啊！

43. 制心一处

仲尼适楚，出于林中，见痀偻者承蜩，犹掇之也。（孔子到楚国游历，经过一片树林时，看见一个驼背的老人在粘蝉，好像拾取一样容易。）

仲尼曰："子巧乎，有道邪？"（孔子很惊讶地问：您这是有技巧呢，还是有道？）

曰："我有道也，（老汉言得道。）**五六月累丸二而不坠，则失者锱铢；**（此言得道之法。经过五六个月的训练，在杆子上累叠两个丸子也不会掉下来，那么失手的机会就很少了。）**累三而不坠，则失者十一；**（更进一步地练习后，累叠三个丸子也不会掉下来，那么失手的机会就只有十分之一了。）**累五而不坠，犹掇之也。**（更进一步地练习后，累叠五个丸子也不会掉下来，那么就像捡取一样容易了。）**吾处身也，若橛株拘；吾执**

臂也，若槁木之枝。虽天地之大，万物之多，而唯蜩翼之知，吾不反不侧，不以万物易蜩之翼，何为而不得！”（我安处身心犹如木桩，我用臂执杆如同槁木，天地虽然广大，万物虽然众多，但我只用心在蝉翼之上。我心无二念，不因外物纷杂而改变对蝉翼的专注力，为什么得不到呢？）

孔子顾谓弟子曰：“用志不分，乃凝于神。其痀偻丈人之谓乎！”（孔子感叹地对弟子说：制心一处正是这样啊！）

此一节，借驼背老人粘蝉的故事，喻修道之要。各家修道方法虽多，然众妙之门唯在入定功夫。而入定先得制心一处。

人的念头恰如流水，断念如断四十里瀑流。刚开始的时候，念头如瀑流，奔腾不息。此时粗细念头都非常得杂多。接着，念头如缓溪，此时粗念头少了很多，但微细念头仍然较多。接着，念头如清晨之荷，偶有露珠滴落。此时偶尔有微细念头浮现。接着，念头如午后之荷，露珠尽落无遗。此时，一念不生。最后，空境亦无。证入圣境。

具体的方法就是将念头安于一处，这个可安的一处，每个人可能不一样，适合就好。这些修道的方式方法虽然不一样，但都是一种修道的方便，都是借以能够让自己制心一处的方法。找到适合自己的，就是最好的。诸法平等，无有高下，应机为妙。念头的特点就是纷乱杂多，你是不能强行地控制它的，你越是强行地控制它，它越是冒得多。只能采取引导的方式，采取一种善巧方便，将专注力引导于某一处，那么其他的成千上万个念头自然消失。比如数息，也就是心里默默数着自己呼吸的次数，这样就把自己的专注力完全放在自己的呼吸上，其他方面的粗细念头自然减弱乃至于消失。这即是制心一处的妙用。制心一处，把心安于一处，以一念抵万念，最后将此一念也舍去，方可成就。

44. 忘适之适

工倕旋而盖规矩，指与物化而不以心稽，故其灵台一而不桎。（工倕用手旋转画圆，比用规矩画出来的还好。他能做到手指和外物合而为一，而不必用心思来计量，正是因为他的心志专一而无所系缚。）**忘足，履之适也；忘要，带之适也；知忘是非，心之适也；不内变，不外从，事会之适也；始乎适而未尝不适者，忘适之适也。**（忘了脚，是鞋子的舒适；忘了腰，是带子的舒适；忘了是非，是心灵的舒适；本性不移，不为物迁，是境界的安适。本性常适，无所不适，这是忘了安适的安适。）

指与物化者，人与物合一也。为什么能与物化，能与物合，皆因能忘己。忘己即无我，无我方能与道合一，如此则处处皆我。故与物合一唯在能忘。当忘记一样东西的时候，恰恰是这样东西最舒适的状态。同样的，人最舒适的状态，不是处处想着自己，而是忘掉有一个自己，否则，只要一有念头，就一定还不够舒适。但这个忘己之适还不是最高境界。最高境界是什么呢？就是连这个“忘”也忘了，这才是适中之适，舒适中最舒适的。

调整一下对比关系，没有鞋子的感受的时候，是脚最舒服的时候；没有裤带的感受的时候，是腰最舒服的时候；没有是非的感受的时候，是心灵最舒服的时候；没有外物的感受的时候，是与物相应的境界最舒服的时候；没有舒服的感受的时候，是“舒服”最舒服的时候。所以修道的关键在于能忘。忘是非，我空；忘万物，法空；忘适，空空。当你还能够感受到自己处在一个很舒服的状态的时候，那一定不是生命最舒服的状态。生命最好的状态，一定是连这个舒服的感受、舒服的意、舒服的境界都不存在了。正如证得空境还不是最根本的，最根本的是连这个空境也不存在一样。

45. 精进不退

庄周游于雕陵之樊，睹一异鹊，自南方来者。翼广七尺，目大运寸，感周之颡而集于栗林。（庄周到雕陵的园子里游玩，看见一只大鸟从南面飞来。翅膀有七尺宽，眼睛直径有一寸长，碰到庄周的额角后，飞停在栗树林中。）**庄周曰："此何鸟哉！翼殷不逝，目大不睹。"**（庄周说，这是什么鸟啊，翅膀大却不能远飞，眼睛大却目光呆滞。）**蹇裳躩步，执弹而留之。**（于是提起衣裳快步走过去，拿着弹弓，准备伺机射杀异鹊。）**睹一蝉，方得美荫而忘其身；螳螂执翳而搏之，见得而忘形；异鹊从而利之，见利而忘其真。庄周怵然曰："噫！物固相累，二类相召也。"捐弹而反走，虞人逐而谇之。**（这时看见一只蝉正得着美叶的遮蔽，而忘了自身；有一只螳螂，以树叶作为掩护，正要捕捉它，螳螂见有利可图就忘了自己的形体；异鹊趁机捕捉螳螂，螳螂只顾贪利而忘记了性命。庄周看了震惊地说，唉，物类互相伤害，这是互相贪欲招引所致的。于是扔下弹弓回头就走。管园的人追赶着责问他。）

庄周反入，三月不庭。蔺且从而问之："夫子何为顷间甚不庭乎？"（庄周回去，潜心静修。学生蔺且问他说，先生为什么忽然静修了呢？）**庄周曰："吾守形而忘身，观于浊水而迷于清渊。且吾闻诸夫子曰：'入其俗，从其令。'今吾游于雕陵而忘吾身，异鹊感吾颡，游于栗林而忘真。栗林虞人以吾为戮，吾所以不庭也。"**（庄周说：我为了守护形体而忘了根本。观浊水久了，反而对清泉迷惑了。我听先生说，到一个地方就要遵守那里的禁令，现在我到栗林游玩而忘了根本，不正如异鹊碰到我的额角，飞到树林里来，忘了根本一样吗？我游于樊中，导致管园的人责骂我，这都是丧失本真的原因啊！因此潜心静修。）

此一节大有深意。以极简风格描绘了一幅凡境图景。雕者，不朴也。陵有三意：大也，过分雕琢之意也；

陵寝也，丧失天真之意也；欺凌也，凡境层层累害之意也。樊者，世俗之内也。游于樊中，喻游于过分雕琢、丧失天真、层层累害的世俗之内。

异鹊者，大鸟也，喻世俗之大知和大人。此世俗之大知、大人，虽有“大”之形而无“大”之实，故翅膀大却不能远飞，眼睛大却目光呆滞。因其固陋，所以不能见根本真实，不能飞往南冥。

异者，显异于人也。喻大知、大人。触庄额角者，大知常与修道人辩论也。

这是一幅樊中图景。

一者，描写残酷现实也。樊中之物，物物相伤。螳螂伤蝉，异鹊伤螳螂，庄周伤异鹊，管园人伤庄周，层层累害。此正世俗社会也。劝喻世人出于樊中，入于大道。

二者，明因俗忘真之意也。蝉因树叶而忘根本，螳螂因蝉而忘根本，异鹊因螳螂而忘根本，庄周因异鹊而忘根本。庄子尝言“忘”，但庄子倡导的是忘小、忘俗。此处之“忘”却为颠倒之忘。是因小忘大、因俗忘真。

三者，因俗忘真者，皆因贪欲也。何能害者，皆欲念之感召也。归根到底还是自己的欲念。樊中之物，物物有际。故有人我之别，物我之分。此无明妄想也。即知有我（小我），当然为己、执己，于是贪欲即起，利己则喜，不利己则嗔。此一念无明而有物我之分，于是贪嗔、执着。物之害缘由在彼，一起欲念，层层传导之后，伤害最终回归彼身。此“欲（利）—害它—它害”循环也。

四者，批驳大知、大人。大知自认为很大，其实徒有知识，无有智慧。虽有“大”之形而无“大”之实。世俗之大人比于小人，总是以俯瞰之形态，但却不知大人亦在此层层累害之中也。即在樊中，无论多大，亦必有物伤之。然而世俗大人自鸣得意，正如异鹊不知庄周也。

五者，劝喻修道之人勿为世俗所迷，精进不退，不可放逸也。修道之人需要借假修真，故得保全身体，因应世俗，然时间一久，稍有放逸，就容易把注意力更多地放在保全身体之上，这样就会内德外荡，舍本逐末，为了形体而忘记天真本性。浊水者，喻俗境也。清渊者，喻真境也。注意力在俗境久了，反而会对真境迷惑了。

46. 无为即道

《知北游》一篇用意甚深，庄子之书，首谈《逍遥游》，读至此处，乃知双翼在此。前有大鹏南举，后有神智北游，前后呼应，皆庄学总说。其实，大鹏南飞即是神智北游。所以曰南曰北者，非地理之谓也，修道境界之谓也。飞与游者，皆是层层拔升之态。读过《逍遥游》，再读《知北游》，双翼得矣。

知北游于玄水之上，登隐弅之丘，而适遭无为谓焉。（知向北方游历，到了玄水的旁边，登上隐秘的丘陵，恰巧遇到无为谓。）**知谓无为谓曰："予欲有问乎若：何思何虑则知道？何处何服则安道？何从何道则得道？"三问而无为谓不答也，非不答，不知答也。**（知请教无为谓说，我想问你一些问题，怎样思考、怎样谋虑，才能懂得"道"？怎样行为、安于何处，才能安于

“道”？通过什么途径、用什么方法，才能获得“道”？问了三次而无为谓都不回答，并不是不回答，而是不知道回答。）

知不得问，反于白水之南，登狐阕之上而睹狂屈焉。（知得不到解答，回到白水的南边，登临狐阕山看见了狂屈。）**知以之言也问乎狂屈。狂屈曰：“唉！予知之，将语若。”中欲言而忘其所欲言。**（知用同样的问题问狂屈，狂屈说，唉，我知道，正要告诉你，心中要说却忘记了。）

知不得问，反于帝宫，见黄帝而问焉。（知得不到回答，回到帝宫，看见黄帝，就请教黄帝。）**黄帝曰：“无思无虑始知道，无处无服始安道，无从无道始得道。”**（黄帝说，没有思考、没有谋虑，才懂得“道”；没有行为、无所居处，才安于“道”；没有途径、没有方法，才获得“道”。）

知问黄帝曰：“我与若知之，彼与彼不知也，其孰是邪？”（知问黄帝说，我和你知道，他们不知道，究竟谁才是真正地知道呢？）

黄帝曰："彼无为谓真是也，狂屈似之，我与汝终不近也。（黄帝说，无为谓是真正知道，狂屈差不多，我和你终究还是不知道。）**夫知者不言，言者不知，故圣人行不言之教。道不可致，德不可至，仁可为也，义可亏也，礼相伪也。故曰：'失道而后德，失德而后仁，失仁而后义，失义而后礼。礼者，道之华而乱之首也。'故曰：'为道者日损，损之又损之，以至于无为，无为而无不为也。'"**（知道的人不说话，说话的人不知道，所以圣人的教导并非语言。道并不是通过学习语言文字得到的，德并不是有心而为可以成就的。但仁是可以学习的，义是亏损的，礼是虚伪的。所以说失去了道，而后才有德；失去了德，而后才有仁；失去了仁，而后才有义；失去了义，而后才出现礼。礼是道的虚华而祸乱的开端，所以说求道的方法是不断地减少妄念，减少又减少，一直减少到没有妄念的境地，才可以成就。）

知者，智慧也。曰北曰玄者，幽冥之地，喻大道之体也。弅与弇相对，弇者，遮蔽也；弅者，无遮也。隐者，世人不知也。丘者，高也。隐弅之丘者，喻智慧深藏而广大无遮。

曰白曰南者，光明彻照也。狐者，疑也。阕者，空也。因空境不可思议故曰疑。狐阕者，不可思议之空境也。狂屈者，不限于形也。与前相比，仍有能照之智与所照之境。虽超越世俗，不限于形，然非道之本身。

此一节，开篇即以“知”拟人化的游历来明悟道的层层境界。知的三问，一问思想，二问行为，三问方法，皆是修道之要。而黄帝答之以无思、无为、无法，乃证道之要也。思虑过多，智慧遮蔽。行为过多，扰乱性情。执着方法，反落言筌。所以修道之要，在于无思无虑，无已无为，不执着于修道而修道。而三问之人，乃修道的三层境界。无为谓，不可称呼也，为何不可称名，因其即是道之本身。可道也，非恒道也；可名也，非恒名也，故不可称名，无可言说。狂屈者，见道之人也。见道之人，彻见大道，物我两忘，故问而忘答。黄帝，理悟之人也。只是从理论上知见而已，不是真正的证悟，故问而可答。

所以世上修道的方法虽然千千万万，其实皆是种种方便而已，譬如渡河之舟、指月之指。迷于舟指，则忘对岸与明月。从根本来说，道，非可修、可证、可得，人人皆道，处处皆道，唯不觉而已。若尚存可修、可证、可得之意，仍然不根本，仍然存一个想要得道的执着。得与失相对，有得即有失，假物而得，必假物而失。大道不增不减、不垢不净、不生不死，岂有得失乎，岂有可得可失乎？然而不知者，唯不觉也。从根本来说，觉悟之要无他，无为而已。无为，即是去除妄念，妄念即除，自知物物皆道、处处皆道。所谓知妄即离，不假方便，离妄即觉，更无次第。无为得道，无为即道。

此一节，以“知”之游历，开演根本法门。知之游者，乃智慧所照之圣境也。此对最上根之人言也，非此者，尚需假以种种方便也。否则徒然落入空论与戏论耳。

47. 被衣传道

啮缺问道乎被衣。（啮缺者，因执着于语言分辨，故大道不全也。啮缺向被衣问道。被衣即前文“啮缺问于王倪，四问而四不知”“啮缺因跃而大喜，行以告蒲衣子”的蒲衣子。他们的师承关系为：尧之师曰许由，许由之师曰啮缺，啮缺之师曰王倪，王倪之师曰被衣。因此，被衣是啮缺的师祖。)

被衣曰：“若正汝形，（端正形体。）**一汝视，**（返观内照。）**天和将至；**（法喜充满。）**摄汝知，**（去除妄念。）**一汝度，**（一念觉照。）**神将来舍。**（身心转化。）**德将为汝美，道将为汝居。**（真道存焉。）**汝瞳焉如新生之犊而无求其故。”**（此时，你看待一切如初生的小牛，任物自然，而不追求任何的原因。）

言未卒，啮缺睡寐，（被衣的话还没有说完，啮缺就进入了禅定状态。）**被衣大悦，行歌而去之，曰：“形若槁骸，心若死灰，真其实知，不以故自持。媒媒晦晦，无心而不可与谋。彼何人哉！”**（被衣见徒孙这么快就成功地进入禅定之中，十分高兴，唱着歌离开了。歌词说，形体像枯槁的树木，心神像熄灭的灰烬，他确实悟道了，破了我执，复返混沌，无偏无私，无欲无求。他是怎样的一种人呢？他现在岂是世俗之人，他现在是悟道者了。）

此一节，被衣传道，讲授入道功夫。第一步，调整形体，立身中正。这是因为只有身体端正了，脊椎才能够正直，真气才能够畅通。身体气机祥和才容易入定。第二步，返观内照。打坐不是把眼睛完全闭起来，而是徐徐地闭上，闭到两眼之间留一条缝隙，似睁非睁、似闭非闭，这一道缝隙能够见微弱之光，这是专注于视觉的作用，而后眼观鼻，鼻观口，口观心，返观内照。此时真气生发，法喜充满。第三步，去除妄念。第四步，保持一念觉照。唯此等入定功夫须长久练习方见效果。啮缺一听即证入圣境，可见慧根深厚。

48. 天地强阳

舜问乎丞："道可得而有乎？"（舜问丞说，道可以获得而保有吗？）

曰：“汝身非汝有也，汝何得有夫道！”（丞说，你的身体都不是你的，你怎么能保有道呢？）

舜曰：“吾身非吾有也，孰有之哉？”（舜说，我的身体不是我的，那是谁的？）

曰：“是天地之委形也；生非汝有，是天地之委和也；性命非汝有，是天地之委顺也；子孙非汝有，是天地之委蜕也。故行不知所往，处不知所持，食不知所味。天地之强阳气也，又胡可得而有邪！”（丞说，身体不是你的，而是天地所赋予的形体；生命不是你的，而是天地所赋予的和气；性命不是你的，而是天地所赋予的自然；子孙不是你的，而是天地所赋予的繁衍。所以大化之时，不知去处，禀赋天地之气而暂为人时，无可执守。五官感受亦非真实。这些都是天地之气的变化罢了，又怎么能够获得而保有呢？）

此一节，扫荡一切。我空、法空、空亦空。

首先说我空。人们所感受到的这个实实在在的我，其实并非一个实在之物，而是天地之气所赋予的，是天地之气的运动而已。无我就是在空间上没有稳定性，在时间上没有恒定性，在自体上没有独立性，在本体上没有真实性。再说法空。结合前文天下一气可知，任何存在都只是气的运动而已。气聚则有，气散则无。故万事万物皆不独立、不永恒、不根本。最后，空亦空。从修道方便而言，道，可修、可证、可得。若从根本而言，处处皆道，物物皆道。物有得失，道无得失。没有所谓的得道与失道。故此一节破假我之执、万物之执、得道之执也。

49. 无无之境

光曜问乎无有曰："夫子有乎？其无有乎？"（光曜问无有说，您是有呢？还是无呢？）

光曜不得问而孰视其状貌，窅然空然：终日视之而不见，听之而不闻，搏之而不得也。（无有不回答。光曜得不到回答，就仔细地观察它的状态——空虚的样子。整天看它却看不见，听它也听不到，摸它也摸不着。）

光曜曰："至矣，其孰能至此乎！予能有无矣，而未能无无也。及为无有矣！何从至此哉！"（光曜说，这是最高的境界了！谁能够达到这种境界呢？我能达到"无"的境界，却还不能达到"无无"的境界。等到达到"无"的境界，这仍然是有一个"无境"存在。怎么能达到这至高的境界呢？）

此一节，为破修道空执也。光曜者，能照之智也。以能照之智，照见"空境"，虽可达"无"，但仍然存有一个空的境界。须得既无能照之智，亦无所照之境，能所两忘，连"空"也空掉，方才根本。

此一节，用意甚深。悟道境界各家均有解说，吾提出四境界说。简言之，乃从"有有"到"无无"。第一步"有有"，第二步"有无"，第三步"无有"，第四步"无无"。第一步，先是"有有"。只看到江河大地，万事万物皆是"有"，有一个实实在在真实存在的"有"。

此即常人之见也。第二步，“有无”。开始知道，在实实在在的“有”中，有“无”的存在。此理悟境界也。第三步，“无有”。乃知因缘所生法，世间万物皆是“空”，皆是“无”。根本没有一个实在之物。此证悟境界也。至此，仍不根本。第四步，“无无”。此乃知根本没有所谓的“有”，也没有所谓的“无”；没有所谓的圣境与凡境；没有所谓的生死与涅槃，一无所有，连“一无所有”也没有。无法可得，无道可修，无生死可了，无涅槃可证。此圆融境界也。

此亦是修道功夫，修道不可执着，对万物皆不可执着，但时间久了，“不可执着”又成了另一种执着，于是要连这个“不可执着”的执着也去掉，才达根本。至此，两边不存，中道亦无。（因若说有中道，即暗含有两边之义也。）理事无碍，事事圆融，随缘任运，一切现成。

“有有”之境，即看山是山也。“有无”之境，即看山不似山也。“无有”之境，即看山不是山也。“无无”之境，即看山还是山也。

50. 宇定生光

宇泰定者，（宇者，心宇也。泰定者，泰然而定也。）**发乎天光。**（光者，般若智慧也。此智慧天生本具，故曰天光。）**发乎天光者，人见其人，物见其物。**（本具之智慧生发，则万事万物了了分明。）**人有修者，乃今有恒。**（万事万物皆变而唯道不变。恒者，道也。有恒者，得道也。）**有恒者，人舍之，天助之。人之所舍，谓之天民；天之所助，谓之天子。**

此一节，乃言由定生慧之意。心境极其安静，就会生出智慧，此智慧非世俗之智慧也，乃是生命最根本之智慧。唯此智慧可以彻见宇宙人生之实相。然常人被妄念遮蔽，此智慧隐而不显，故不知也。如心宇泰定，慧光内发，则万事万物了了分明。所以，人见其人，物见其物。世人见人见物者，形象也。得道者见人见物者，本质也。故能由定生慧方能得道。

51. 不持而持

备物将以形，（万物皆备于我，我亦备于万物，每物皆备于每物。明万物齐一之理，备矣！如此，有形之物自可通达。）**藏不虞以生心，**（应无所住而生其心也。）**敬中以达彼。**（中者，内德也。执守内德以通达彼岸之道。）

灵台者有持，而不知其所持，而不可持者也。（此修道之要也。修道不可以欲念纷飞、内德摇动。但也并非只是枯坐，并非像草木一样完全地进入顽空状态，没有一丝的心灵觉知。灵台者有持，心灵保持觉知。而不知其所持，而不可持者也。但又不能刻意，要进入不知所持的状态。）

此有意无意是真意也。觉知，刻意则僵，无意则失。

要勿忘勿助，若存若亡。只是轻轻地保持知道。一点力也不用。此绵细功夫，要在似有似无之间细细体悟。似持非持，不持而持。

不见其诚己而发，每发而不当；业入而不舍，每更为失。（非诚己而发，非真性发露也，故所发不当。外物扰乱内心而不能去除，真德就丧失了。）

券内者，行乎无名；券外者，志乎期费。（重视内德的人，有行而无执。重视外在的人，他的志向在于名利。）**行乎无名者，唯庸有光；志乎期费者，唯贾人也。**（行为不执着于名迹的人，慧光常照。志在求取名利的人，就像商人买卖一样。）**人见其跂，犹之魁然。与物穷者，物入焉；与物且者，其身之不能容，焉能容人！不能容人者无亲，无亲者尽人。**（和外物顺应的，外物也和谐；和外物相伤的，他自身都不能和谐，哪能容人呢？不能容人的就没有亲爱，没有亲爱就弃绝于人。）**兵莫憯于志，镆铘为下；寇莫大于阴阳，无所逃于天地之间。非阴阳贼之，心则使之也。**（兵器没有比心志更锐利的，利剑还在其次。伤人没有胜于阴阳的，充满于天地之间。但并不是阴阳来伤害他，而是受到心意的驱使。）

此一节不持之持用意甚深，修道之人要时时勤拂拭，勿使惹尘埃。修道中要保持心灵清净，去除杂念。但这种心灵活动需不刻意而为。如果刻意保持一种“去除杂念”的念头，那就是有意操持了，就落入了另一种执着。

内德不可外驰，要保持凝神专一的状态，否则心意外驰，杂念丛生。

世间之物以兵器最能伤人，此人为也。造化伤人者，此天然也。然而，无论天然与人为，皆是人心志驱动而已。故心念乃是最根本之原因。

52. 天人两善

羿工乎中微而拙乎使人无已誉，（羿善于射箭却拙于修道。）**圣人工乎天而拙乎人。**（圣人善于修道却拙于世俗事功。）**夫工乎天而俍乎人者，唯全人能之。**（既善于超越世俗又善于世俗的，只有全人才能够做到。）**虽虫能虫，唯虫能天。**（就像虫子的行为，它既是虫之为，也是天之为一样。）**全人恶天，恶人之天，而况吾天乎人乎！**（恶，恶有之义，哪里还会。全人哪里会去分别什么是天然，什么是人为的天然。何况存有一个我见，来区分天然与人为呢？）

此一节，明天人两善之理。善天者，能悟出世间法，善人者懂得世间成功之道。而修道之人往往清静无为，善于悟道，而不善于人世间的各种成功，所以是善天拙人。若能既善于悟道，又善于世间各种成功，那就是天人两善的全人。更进一步说，其实，凡圣本无别，人为的其实不也是天地所使吗？全人完全忘却世俗与出俗，混同天人。

53. 明心见性

旧国旧都，望之畅然。（旧国旧都者，喻本性也。人入俗尘，譬如在外流浪，流浪日久，反认世俗为故乡，于是倒假为真。）**虽使丘陵草木之缗入之者十九，犹之畅然，况见见闻闻者也！以十仞之台县众间者也。**（草木者，杂念也。即使本性被杂念遮蔽了十分之九，只见一分真心，仍然十分畅快。何况彻见本来面目的呢。）

冉相氏得其环中以随成，与物无终无始，无几无时。日与物化者，一不化者也，阖尝舍之！（冉相氏，圣王也。得其环中，遥照《齐物论》之“得其环中，以应无穷”。环中者，空矣。是是非非无穷无尽，运转不停，唯有跳出是非，入乎中虚，方可应物无穷。无始无终者，没有时间也。无几者，无智也。无时者，无当下之得也。无几无时者，无智亦无得也。日与物化，一不化者，外在随物变化，内心宁静不变。阖尝舍之，何曾舍离虚空。）**夫师天而不得师天，与物皆殉。其以为事也，若之何？**（有心效法自然便得不到效法自然的结果，刻意修道就不可能真正得道。如果把得道看成可以得到一个具体的东西，把天然与人为相分别，那怎么可以呢？）**夫圣人未始有天，未始有人，未始有始，未始有物，与世偕行而不替，所行之备而不洫，其合之也，若之何！**（得道的圣人无所谓天然与人为，无所谓本体与现象，无所谓空与有，无所谓开始与结束，无所谓万物与内我。随缘任运，一切现成。得道圣人就是这样的根本圆融啊！）

容成氏曰："除日无岁，无内无外。"（除日无岁，则没有时间；无内无外，则没有空间。没有时间则没有死生。没有空间则没有物我。）

此一节，言明心见性也。此天真本性原本无失，只是被妄念遮蔽不得亲见耳。修道日久，忽然照见本性，顿觉法喜充满。虽然此时杂念仍多，但也是质的变化。见道之后还要悟后起修，才能彻见本来面目。彻见本来面目，则根本真实之世界，无终无始，无几无时，未始有天，未始有人，未始有始，未始有物，根本圆融。

54. 守真应俗

夫尊古而卑今，学者之流也。（尊奉周礼而卑今世，这是儒家学者的见解。）**且以狶韦氏之流观今之世，夫孰能不波！**（如果狶韦氏活到今天，也会因应世俗。）**唯至人乃能游于世而不僻，顺人而不失己。**（只有至人才能游于世而不偏僻，顺随人情而不丧失自己。）**彼教不学，承意不彼。**（我们不学习古代外在的东西，应该学习的是古人的真义。）

游世而不偏僻，顺人而不失己。主旨乃是内在执守真德，外在与世推移。人处在世俗之中，不要显得过于怪异，但也不要为了合群而丧失自己。这是一种较为理想的状态，在修道与世俗之中保持一种和谐与平衡。如果不能达成这种理想的平衡状态，那么宁游而僻也不可顺而失。绝不能因为因应世俗而丧失内在真我。

庄子在其书中，既有避世之说，亦有游世之言，超世、化世之义。众人多不解者。其实此应俗之方虽然不同，其理一也。

就次第而言，先避世，减少欲望，极简生活，借物理的空，达成心理的空；待有定力之后，再游世，顺人而不失己，游世而不偏僻；最后修道成功，可以超世，游乎四海之外；超越世俗，证入圣境之后，亦可化世。尘垢粃糠陶铸尧舜。从原则来说，其理一也。关键是内在执守真德，不让真德外荡，不让慧光外耀。如此，则真我不失，大道不离也。至于外在之应俗。定力不足时，当然要先极简生活，不见可欲，使心不乱。待功力足够，则可与世推移，随时变化，虽处处应俗，却不因俗丧真。若已达圣境，则可己存存人，陶铸尧舜。此时应俗实为化俗也。虽言化俗犹未化也，何者？盖此时真俗圆融耳。

55. 得意忘言

荃者所以在鱼，得鱼而忘荃；蹄者所以在兔，得兔而忘蹄；言者所以在意，得意而忘言。吾安得夫忘言之人而与之言哉！（竹笱是用来捕鱼的，捕到了鱼，竹笱就可以不用了。兔网是用来捉兔子的，捉到了兔子，兔网就可以丢弃了。语言是用来表达意思的，如果能够领会语言蕴含的意思，那么语言本身就可以忘记了。因此，只有那些不执着于语言文字，能够用心神去领会大道的人，我才能够和他谈论大道的言说啊！）

此一节，含义甚深。庄子为接引世人，广开宏论，妙畅真理，然又恐人执着于此大道之言，故以此节破之。

大道不言。可道非道，可名非名。道，本不可言说。凡有言，皆为假言。所谓言语道断、心行处灭。大道非感知与认知可得，更非语言可以准确表达。然古来大德为接引世人，不得不以世俗语言文字以为方便言说，此圣言亦不过是指月之指、渡河之舟，为修道者指引一个方向，提供一种方便罢了。故得意必须忘言，登楼必须撤梯，渡河必须舍舟。可惜很多人都在研究指月的手指、渡河的舟船，而忘记了明月与彼岸。

今研究庄学者，或以辞章解之，陷溺名相之间；或以西哲解之，诚如一叶迷山。其结果往往博学兼修，反致泥沉；穷研教理，遂成茫漠。道，唯有亲证，而非学说。证悟是生命智慧的实践而非哲学。道不是靠知识的积累就可以得到的，也不是语言所能够描绘的，唯有自己体悟方才证得。所以，圣人总是回到本心直接去领悟真理，而世人却喜欢通过语言来辩论言说。他们哪里知道，这些原本都是用来悟道的梯子，而学问家们陷入语言名相中，细研楼梯的本质和结构，而忘记了登楼的本意。

如庄子所言："世之所贵道者，书也。书不过语，语有贵也。语之所贵者，意也，意有所随。意之所随者，不可言传也，而世因贵言传书。世虽贵之，我犹不足贵也，为其贵非其贵也。故视而可见者，形与色也；

听而可闻者，名与声也。悲夫！世人以形色名声为足以得彼之情。夫形色名声，果不足以得彼之情，则知者不言，言者不知，而世岂识之哉！”世人所珍贵的道载见于书，书不过是语言，语言有它的可贵之处。语言所可贵的是它暗含大道的妙理，但这妙理只是一种指向，而不是语言。而世人因为珍贵语言才传之于书。世人看重书，我却不以为贵，因为世人所珍贵的书并不是真正可贵的道。因而可以看得见的是形和色，可以听得见的是名和声。可悲啊，世人以为从形色和名声就可以得到大道的真相。形色、名声不足以得到大道的真相，知道的不说，说的不知道，这些至理，未得道的世人又怎么能够了解呢？

此亦轮扁斫轮之义也。

人类的思维、语言、文字，皆二元对立，若执着于文字，则平添虚妄分别，离道远矣！无听之以耳，无听之以心，唯有听之以气，唯道集虚。虚室生白，慧光内发，才能照见离言实相，契入法性真流。

青青翠竹，皆是菩提。片片黄花，无非般若。若能慧光内发，则目击而道存，亦不可容声矣。

故凡言与圣言皆当舍弃，而用心神去领会大道的真义。

庄子讲义

第一章 以道观世

（一）

在先秦诸子中，其学问虽然均存有社会人生多方面的内容，但以侧重点来说，大多都是立足于如何建设一个理想的社会。而唯独庄子是立足于个体如何实现真正的幸福。有的人说庄子是浪漫主义者，你看他描绘的鲲鹏变化就可知道。其实庄子是一个现实主义者，他所描绘的事物是以寓言的形式来表明大道的真理，这些境界是他真正体悟证得的，并非虚幻和浪漫。他对于世事的洞察是实实在在的现实主义者。有的人说庄子是悲观主义者。其实庄子对于人世苦难的深刻洞察并不是悲观主义的，而是一种对超越这种苦难的积极态度。他以一个证道的大智者，对于人世的苦难有着无尽的悲心。他指出人生的问题虽多，但终有解脱之道。他给予了超越的价值取向和实现路径。他并不是“悲观”，而是“实观”——如实观照。之所以人们感觉他悲观，是因为他看到了人们不曾看到的深层次的问题。他并不是“厌世”，而是“救世”。他与世俗的悲观厌世者不同，他提出了人生问题终究可以解决的路径。从他的字里行间，你可以感受到一位智者救苦救难的慈悲之心。可以说，庄子是一位智慧慈悲、积极乐观、现实救世、逍遥自在的证道者。

作为证道者，庄子看到的人世间是一个怎样的状态呢？在《齐物论》篇中，庄子这样说：“其寐也魂交，其觉也形开。与接为构，日以心斗”“小恐惴惴，大恐缦缦”“近死之心，莫使复阳”“喜怒哀乐，虑叹变慹，姚佚启态”。

庄子首先看到的是人们常常被情绪困扰。这些人睡觉的时候思前想后，醒来时恐惧不安；待人接物则钩心斗角。他们常常在恐惧之中，有的时候坐立不安，有的时候沮丧落魄。生命就是在这样的是是非非情绪困扰中消耗了。所以庄子发出这样的感叹：“与物相刃相靡，其行尽如驰而莫之能止，不亦悲乎！终身役役而不见其成功，苶然疲役而不知其所归，可不哀邪！人谓之不死，奚益！其形化，其心与之然，可不谓大哀乎？”

庄子接着说，内在与外在相接而生起各种感觉与认知。心随境转而没有办法停止。这不是很可悲吗？一生忙忙碌碌却不能觉悟，一辈子困顿劳苦找不到自己的归宿，这不是很可悲的吗？这样的人虽然形体不死，但又有什么意义呢？这样的人，身体消亡，而本性之光随之而去，一生未悟，一辈子都活在假我之中，一辈子都不能够睁眼看真我一眼，这难道不是最大的悲哀吗？

人人都想着成功，想着名利，想着出人头地，但世事不易。人常处乎两难之间，“事若不成，则必有人道之患。事若成，则必有阴阳之患”。即使是有所成就，也难免如柤梨、橘柚、果蓏之属，“实熟则剥，剥则辱。大枝折，小枝泄，此以其能苦其生者也。故不终其天年而中道夭，自掊击于世俗者也。物莫不若是”。

人人都想着快乐。人生在世，有苦有乐，但终究是苦多乐少。在《盗跖》篇，庄子这样说：“人上寿百岁，中寿八十，下寿六十，除病瘦死丧忧患，其中开口而笑者，一月之中不过四五日而已矣。”

人长寿百岁，中寿是八十岁，下寿是六十岁，除去病痛和死亡忧虑，其中开口欢笑的时间，一月之中不过只是四五天罢了。

人们总喜欢快乐，而不喜欢愤怒和痛苦等等不良的情绪。但庄子认为，快乐和痛苦都会带来伤害。“人大喜邪，毗于阳；大怒邪，毗于阴。阴阳并毗，四时不至，寒暑之和不成，其反伤人之形乎！”

人过度快乐，就会损伤阳气；人过度愤怒，就会损伤阴气。阴与阳相互侵害，则气机不和，这反而伤害自身啊！

（二）

庄子提醒大家思考这样一个问题：什么才是真正的快乐？世人认为的幸福和快乐，是感官的享受、物质的丰富和社会的认可。然而庄子却认为这些都不是真正的快乐，更不是最高级的快乐。“其为形也亦愚哉！”庄子认为，这些快乐都是为了外在之形，而不是为了内在之神。在庄子看来，最高级的快乐是“无乐”，就是超越了感官的享受和世俗的满足感。世人追求的快乐，其特点是虚幻不实的、低层次的、外在的、短暂的。庄子追求的快乐，其特点是根本真实的、高层次的、内在的、永恒的。

相比于快乐的虚假，庄子更清醒地认识到，生活在俗尘，人们不仅仅要面对“大旱金石流”这样的自然的伤害，还要面对来自人为的互相伤害。

庄子有一次“游乎雕陵之樊”，庄周到雕陵的园子里游玩，看见一只大鸟从南面飞来，翅膀有七尺宽，眼睛直径有一寸长，碰到庄周的额角后，飞停在栗树林中。庄周说，这是什么鸟啊，翅膀大却不能远飞，眼睛大却目光呆滞。于是提起衣裳快步走过去，拿着弹弓准备射击它。这时看见一只蝉正得着美叶的遮蔽，而忘了自身。有一只螳螂，以树叶作为掩护，正要捕捉它。螳螂见有利可图就忘了自己的形体。异鹊趁机捕捉螳螂，只顾贪利而忘记了性命。庄周看了震惊地说，唉，物类互相伤害，这是互相贪图招引所致的。于是扔下弹弓回头就走。管园的人以为庄子偷了栗子，就追赶着责问他。

雕陵之樊暗喻物物相害的俗尘。樊中之物，物物相伤。螳螂伤蝉，异鹊伤螳螂，庄周伤异鹊，管园人伤庄周。人人都在这样一个层层累害的循环中。

人生已经有这么多的忧患了，而最终却难免一死。导致死亡的原因却是多种多样的。庄子讲了这样一个故事。说有一次，庄子到楚国去，在路边看到一颗人头骨。庄子就用马鞭敲打着骷髅，问道："先生是因为什么原因导致这样的结果呢？是由于贪图享乐，放纵情欲，做了违法的事情？还是遭遇战乱？还是做了坏事，怕给父母妻子留下耻辱而羞愧自杀？还是因为不堪挨饿受冻的折磨而变成这样的呢？还是年事已高寿终正寝？还是遇到什么变故？"骷髅给庄子托梦，对他说：你所说的都是活人的累患啊！

因此，庄子常常感叹说："哀乐之来，吾不能御，其去弗能止。悲夫！世人直为物逆旅耳！"

悲哀与快乐的到来，我不能抗拒，它们的离去，我也不能阻拦。多么可悲呀，世人只不过是一念无明而变现的假我罢了。

人人都希望生命永恒，如果不能永恒，那么一秒钟和一亿年就没有差别。如果不能永恒，那么一切就显得无意义。但在经验的世界里，永恒是不存在的。

人生天地之间，若白驹之过郤，忽然而已！注然勃然，莫不出焉；油然漻然，莫不入焉。已化而生，又化而死，生物哀之，人类悲之。

庄子说，人生在天地之间，就像阳光掠过空隙一样短暂，只是刹那而已。万物蓬蓬勃勃，没有不生长的。变化衰败，没有不消亡的。已经变化而生，又变化而死，生物为之哀伤，人类感到悲痛。

就是这样一个充满了苦患的，不能够永恒的生命，如果是真实的存在，倒也还有些意义，可庄子却以悟道的慧眼告诉世人，这样一个生命也并非是真实存在的。

庄子在《齐物论》篇说："喜怒哀乐，虑叹变慹，姚佚启态；乐出虚，蒸成菌。日夜相代乎前，而莫知其所萌。已乎，已乎！旦暮得此，其所由以生乎！”人们的种种心理活动变化万千，可一一细识之，哪一个代表“我”呢？这些精神现象宛如音乐从中空的竹管中发出，又如菌类由地气蒸腾而起，都是虚幻不实的存在。“非彼无我，非我无所取。”可是没有这些心理活动，就体现不出“我”；没有“我”，这些心理现象也无从出现。这是在破受想行识四蕴。

“百骸、九窍、六藏、赅而存焉，吾谁与为亲？汝皆悦之乎？其有私焉？如是皆有为臣妾乎？其臣妾不足以相治乎？其递相为君臣乎？”接着，庄子进一步分析，四肢百骸的肉身代表我吗？若说是我，哪一个部分可以代表我呢？这是在破色蕴。原来，我们所认为的“我”不过是五蕴假和的。如此，五蕴皆空。

舜问乎丞曰：“道可得而有乎？”曰：“汝身非汝有也，汝何得有夫道！”舜曰：“吾身非吾有也，孰有之哉？”曰：“是天地之委形也；生非汝有，是天地之委和也；性命非汝有，是天地之委顺也；孙子非汝有，是天地之委蜕也。故行不知所往，处不知所持，食不知所味。天地之强阳气也，又胡可得而有邪？”

我们总以为身体是我的，生命是我的，我想得到这个，我想拥有那个。可是以道观之，这一切都是天地之气的聚散而已。

庄子认识到这一点，所以妻子死的时候可以鼓盆而歌。惠子不理解，就问他说：“你和老伴过一辈子，她为你养大了孩子，自己却衰老了。现在人家死了，你不哭也就罢了，却在这里敲着瓦盆唱歌，这不是太过分了吗！”庄子说：“不是这样的。她刚死的时候我也非常悲伤！但后来想想，她最初本来是未曾有生命的，不但没有生命，而且本来也没有什么形质可寻；不但没有形质，而且精气也没有。恍惚之中，变化出了气，气再聚合成形，形再变才有了生命。现在又由生而变成了死，这就像春夏秋冬四季运行一样。现在她回归了宇宙，而我在旁边哭哭啼啼的，我以为这是不悟生命真理的表现，所以才不再哭泣。”

“生者，假借也。假之而生生者，尘垢也。死生为昼夜。”人的身体不过是假借众物合成而已。

前面庄子认为人的快乐感受可能是虚假的，接下来庄子要说明的是，生命本身也是不真实的。

“方其梦也，不知其梦也。梦之中又占其梦焉，觉而后知其梦也。且有大觉而后知此其大梦也。”

罔两问景曰：“曩子行，今子止；曩子坐，今子起；何其无特操与？”景曰：“吾有待而然者邪？吾所待又有待而然者邪？吾待蛇蚹蜩翼邪？恶识所以然？恶识所以不然？”

昔者庄周梦为胡蝶，栩栩然胡蝶也，自喻适志与！不知周也。俄然觉，则蘧蘧然周也。不知周之梦为胡蝶与？胡蝶之梦为周与？周与胡蝶则必有分矣，此之谓物化。

且汝梦为鸟而厉乎天，梦为鱼而没于渊。不识今之言者，其觉者乎？其梦者乎？

据此我们知道，庄子以证道者的慧眼发现我们所感知的这个经验世界具有三个特点。第一是苦。俗尘之中充满了种种的苦难，既有来自自然的伤害，也有来自人为的伤害，更有自身身心的困扰。第二是不永恒，万事万物包括人类自身都是不能够永恒存在的，如白驹过隙，忽然而已。第三是“假”。这个“假”体现在两个方面，一方面是没有独立的自性。人和万事万物都是气的聚散离合。“通天下一气耳”“天地强阳气也”。人是假借万物和合而成的。我们知道人体有 59 种元素，这 59 种元素排列组合成了一个人体。这里边哪个元素才是真实的你呢？可以说没有一个元素能代表你。但离开了其中任何一个元素，人体就没有办法形成。人就是这 59 种元素的一个临时聚合体。另一方面是说，人和万事万物都没有真实性。经验世界的种种现象都是梦中的场景，都是本体的投影和变现。万物之间的互相转化，也只是在梦境里发生的而已。

总之，“假”就是在空间上没有稳定性，在时间上没有恒定性，在自体上没有独立性，在本体上没有真实性。

所以人生不仅充满了各种忧患，而且不独立、不永恒、不真实。

那么接着问题来了，有没有一个没有忧患、独立、永恒、真实的世界呢？如果有的话会是什么样的？

第二章 万物齐同

（一）

庄子认为，俗世充满了二元对立，因此有各种各样的忧患，而且不独立、不永恒、不真实。唯有破除二元对立，回到“道”的视角，才能真正突破俗尘。

“道”是庄子学说中一个非常重要的概念，可是这个“道”用语言无法全然地表达。所谓言语道断。但为了让人们大致能够了解，不得不降维而说。对于“道”，我们不能直接说它是什么，我们只能通过它的一些特点来认识它。

道是不生不灭的。“道无终始，物有死生。”任何一个具体的物都有一个存在的时限。所谓有死有生，但是作为道却是无生无死、无终无始的永恒存在。

道是不垢不净的。“莛与楹，厉与西施，恢诡谲怪，道通为一。”

道是不增不减的。“注焉而不满，酌焉而不竭。”

道是真实存在的。“有情有信。”

道有独立的自性。“自本自根。”万物都没有独立的自性，都是借助外物临时聚合而成的一个存在物。但是道是自本自根——自为根本的，不需要借助任何外物和合而成，它具有独立的自性。

道无形无相不可认知。“听之不闻其声，视之不见其行”“其来无迹，其往无崖，无门无房，四达之皇皇也”。

道变化万物。“其为物无不将也，无不迎也，无不毁也，无不成也。”

道是万物的总规律。“道者，万物之所由也。”

道是万物的本源和归宿。“万物皆出于机，皆入于机。”

道是万物的本体。“物物者非物。”“六合为巨，未离其内，秋豪为小，待之成体。天下莫不沉浮，终身不故；阴阳四时运行，各得其序；惛然若亡而存，油然不形而神；万物畜而不知。此之谓本根。”

道无处不在。“东郭子问于庄子曰：‘所谓道，恶乎在？’庄子曰：‘无所不在。’”

道与物无际。“物物者与物无际，而物有际者，所谓物际者也。不际之际，际之不际者。”

道无二元对立。“物无非彼，物无非是。”“是亦彼也，彼亦是也。”

道的运作是自然而然的。“天地无为也，而无不为也。”

道是齐一的。“天地一指，万物一马。”

道即世界的全体。“出无本，入无窍，有实而无乎处，有长而无乎本剽。有所出而无窍者有实。有实而无乎处者，宇也；有长而无本剽者，宙也。”正因为道就是世界的全体，所以说道生了物，或者是无形生有形，时间空间，这些概念其实是为了方便而说的。若从根本来说，道其实是不存在时间、空间、本体与现象、天然与人为、道与物、物与我的概念的。“除日无岁，无内无外。”除日无岁，则没有时间；无内无外，则没有空间。

没有时间则没有死生。没有空间则没有物我。“夫圣人未始有天，未始有人，未始有始，未始有物，与世偕行而不替，所行之备而不洫，其合之也，若之何！”无所谓天然与人为，无所谓本体与现象，无所谓空与有，无所谓开始与结束，无所谓大道与万物。

“夫自细视大者不尽，自大视细者不明。夫精，小之微也；垺，大之殷也；故异便。此势之有也。夫精粗者，期于有形者也；无形者，数之所不能分也；不可围者，数之所不能穷也。可以言论者，物之粗也；可以意致者，物之精也；言之所不能论，意之所不能察致者，不期精粗焉。”言语所可论者，乃有形之大小；思维所可及者，乃无形之大小。可真正的道，语言不可及，思维不可及，根本连大小的概念都没有。

这就是道，它不生不死，不垢不净，不增不减，有独立的自性，根本真实，无形无象，变化万物。它既是万物的本体，也是万物的本源和归宿；它既无处不在，也是万物发展变化的总规律。它与物无际，无二元对立；它的运作自然而然，它即是世界的全体。

（二）

道，我们看不见听不到。我们可以感知的是纷纭的万物。那么从方便言说来看，道又是如何生出万物的呢？

庄子提出了一个重要的概念，那就是“气”。道正是通过“气”这个媒介来生化万物的。

首先，人只是气的聚合。“天地之强阳气也。”生命只不过是天地之气的变化罢了。

庄子认为，人最初是未曾有生命的，不但没有生命，而且也没有什么形质，不但没有形质，而且精气也没有。恍惚之中，变化出了气，气再聚合成形，形再变才有了生命。最后又由生而变成了死，回归了本来。就像春夏秋冬四季运行一样。

因此，“人之生，气之聚也。聚则为生，散则为死”。气聚合，人就有了生命；气离散，人就回归了本来。

其次，万物也是如此。“阴阳者，气之大者也。”“比形于天地，而受气于阴阳。”“至阴肃肃，至阳赫赫。

肃肃出乎天，赫赫发乎地。两者交通成和而物生焉。”

万物生于气，最终会回归于气。“合则成体，散则成始。”

所以庄子得出一个结论。“通天下一气耳。”整个宇宙、万事万物只不过是气的聚合离散而已。为了方便理解，这里可以把万物理解为物质存在的状态，把气理解为能量存在的状态。

那么这个“气”化生万物的特点是什么呢？这里又涉及庄子提出的另一个重要概念“化”。

“道”是万物的本体，“气”是万物生成之本，“化”是万物存在的形态。

庄子在一开篇就提出了物化的概念。“北冥有鱼，其名为鲲……化而为鸟，其名为鹏。”这里，鲲化为了鹏，鱼化为了鸟。

在《齐物论》的最后，庄子说“昔者庄周梦为胡蝶，栩栩然胡蝶也……俄然觉，则蘧蘧然周也。……此之谓物化”。庄周和蝴蝶可以互相转化。这一点可能常人难以理解。其实按照庄子的思维，庄周和蝴蝶都只不过是一个能量而已，而能量的聚合离散，通过不同的排列组合就可以生成不同的物体。

在《庄子》一书中，“化”的概念多次出现。“与彼百化”“万物皆化”“天地虽大，其化均也”。

有一次，子舆生病了，子祀前去探望他。子祀说：“你讨厌现在身体变成这个样子吗？”子舆说：“我怎么会讨厌这副样子！假令造物者把我的左臂变成公鸡，我便用它来报晓；假令造物者把我的右臂变成弹弓，我便用它来打斑鸠烤熟了吃；假令造物者把我的臀部变成为车轮，把我的精神变成骏马，我就用来乘坐，难道还要更换别的车马吗？”

在庄子看来，人与物，物与物，都是可以互相转化的。

若单纯从人的角度来看物化，庄子这样描绘：“泰初有无，无有无名；一之所起，有一而未形。物得以生谓之德；未形者有分，且然无间谓之命；留动而生物，物成生理谓之形；形体保神，各有仪则谓之性。性修反德，德至同于初。同乃虚，虚乃大。合喙鸣。喙鸣合，与天地为合。其合缗缗，若愚若昏，是谓玄德，同乎大顺。”宇宙的最初什么都没有，是绝对的无。没有“有”，也没有名称。后来道生出了“一”，万物得到这个“一”就叫作德，此时虽然没有形态，但已经有阴阳二气之分，这份能量叫作命。气的变化产生了基本粒子，基本粒子按照分殊之理而组合成形体，形体涵养精神，而性在其中，最后由性通过德而复返于大道之中。

若从万物的角度来看物化，庄子这样描绘。“种有几，得水则为㡭，得水土之际则为蛙蠙之衣，生于陵屯则为陵舄，陵舄得郁栖则为乌足，乌足之根为蛴螬，其叶为胡蝶。胡蝶胥也化而为虫，生于灶下，其状若脱，其名为鸲掇。鸲掇千日为鸟，其名为乾余骨。乾余骨之沫为斯弥，斯弥为食醯。颐辂生乎食醯，黄軦生乎九猷，瞀芮生乎腐蠸。羊奚比乎不箰，久竹生青宁。青宁生程，程生马，马生人，人又反入于机。万物皆出于机，皆入于机。”万事万物都不得不参与到物化中来。

万物大化是永不停止的。“道无终始，物有死生，不恃其成。一虚一满，不位乎其形。年不可举，时不可止。消息盈虚，终则有始。是所以语大义之方，论万物之理也。物之生也，若骤若驰。无动而不变，无时而不移。何为乎？何不为乎？夫固将自化。”大道是无始无终的，而万物有生有死。万物皆在永恒的变化之中。

万物永远不可能守住一个固定的状态。人体是由若干个细胞组成的，我们的细胞每时每刻都在变化，我们身体里的电子以接近光速在不断地运动变化。再比如河流。有的河流看起来流速很慢，好像静止了一样，但是每一秒钟也都在不断变化的。甚至就像桌椅板凳这些看起来完全静止的东西，它也是在不断运动变化的。从微观来看，其内部的基本粒子在不断振动。从宏观来看，整个地球都在不断运动，作为地球上的一物，自然也是跟着一起运动的。

所以庄子得出一个结论，“万物皆种也，以不同形相禅，始卒若环，莫得其伦，是谓天均。天均者，天倪也”。万物都是种子，以不同形态相传接，首尾相接犹如循环一样，找不到端倪，这就叫作天均，天均就是天倪。

万物皆种，这句说得很妙啊，宇宙中一切皆为一切之种子，此为彼之种，彼为此之种，互为种子，互为果实，互为因果，一切以此循环往复，无有穷尽。万物皆备于我，而我亦备于万物，每物皆备于每物。万事万物都是相即相入，相资相待，相生相化的。

（三）

庄子的世界观究竟如何？在庄子看来是“无物”与“齐物”的统一。从道体即本体论而言，世界的本质是无物。庄子说，“古之人，其知有所至矣。恶乎至？有以为未始有物者，至矣，尽矣，不可以加矣！”古之人即是至人，他能够证悟到这个世界的实相是“未始有物”，即“无”和“空”。但是这个“未始有物”的无或者空，并不是断灭一切的顽空和绝对的无，而是一种本质的存在，它含藏万有，否则不可能派生万物。

从道体而言，世界的根本实相是空是无，但从道用而言，是万物齐同的。这里的道用，是指大道的全体妙用，和我们所说的现象世界是有区别的。我们人类所可以认知的世界，我称之为人显世界，是由我们的感官显化和呈现的世界。人类不能脱离感官来认识世界。我们把一定频率的光看成红色，另一种频率的光看成是蓝色，并且有着独特的时间观、空间观。人类对世界的认知只是世界全体的极其微小的一部分，而且由于人的感知与认知好像是两层幻化眼镜，扭曲了世界的实相，就像盲人摸象一样。

平常我们看到、听到、感受到事事物物的差别是了了分明的。桌子是桌子，椅子是椅子，人是人，物是物，而且正是因为有了明显的物物之别，我们才能认识万物，进而认识世界，否则我们根本没有办法认识外在。人们不仅看见万物有别，而且这种有别是恒定和有碍的。椅子就是椅子，大山就是大山，不会今天是椅子，明天是大山，这是万物有别的恒定性。同一个空间放了椅子就不可能再放别的东西，这是不相容性在物物有碍上的空间体现。1990 年全国象棋比赛，张三得了冠军，不可能过些日子张三得了冠军的这个事实，又变成 1990 年全国象棋比赛李四得了冠军，这是事件的不相容性在物物有碍上的体现。在一个时间段的你可以回忆过去，也可以展望未来，但过去、现在、未来不会同时出现，这是物物有碍在时间上的不相容性。

人们既看不见世界的实相，也就是本体，又看不见世界的全相，也就是道体的妙用，其实这两个只是一个，所见只是局部的现象世界。庄子的世界观认为，世界从道体而言是真空，从道用而言是妙有。世界是真空妙有的存在状态，这个状态是体用一如、显微无间、空有不二、根本圆融的。真空即本质是空，就是“未始有物”，妙有即“万物齐一”。

“物无非彼，物无非是。”

“天地一指，万物一马。”

“有自也……复通为一。”

为了说明万物齐同的道理，庄子还说了一个很精妙的比喻——朝三暮四。朝四暮三则喜，朝三暮四则怒，却不知都是同一个“混七”罢了。

因此庄子点明“天下莫大于秋豪之末，而太山为小；莫寿于殇子，而彭祖为夭。天地与我并生，而万物与我为一”。这是对齐同思想的高度概括，“天下莫大于秋豪之末，而太山为小”，是破解人类思维空间的有碍。“莫寿于殇子，而彭祖为夭”，是破解人类思维的时间有碍。“万物与我为一”，是破解物类的有碍。如此从时间、空间、物类三个层面，层层破解万物有别，从而实现万物齐同的境界，破除了物类之别，自然也就没有了物我之分、人我之分、物物之分。如此，方才是一个圆融无碍的境界。

可是既然世界的本质是万物齐同的，那又为什么会变成万物皆异的世俗世界呢？庄子说：“夫道未始有封，言未始有常，为是而有畛也。”这个“是”字何解，原来是我们的成心。因为有了“成心”才有了分别。世界的本质是齐一的，可是当我们想要去“明”这个“一”，“说”这个“一”的时候，就在我们“明”和“说”的一瞬间，分别就产生了，就已经不是圆融的境界了，正是这一念无明才产生了我和外物，于是从道观世界落入到了人观世界。

上面说的是齐物，再说齐论。《齐物论》的核心是“齐物”之论，但也兼及齐论。因为物如果齐了，论自然齐，因为“论”是依据“物”而存在的。

人类喜欢争论。“大知闲闲，小知间间。大言炎炎，小言詹詹。”“是其所是，非其所非。”可是人类的语言本身是个问题，庄子在两千三百年前就认识到了语言的缺陷。“夫言非吹也。”“言隐于荣华。”人类的语言不如自然。风是无心而吹，言是有心而为。这个心是成心，这个成心即是偏见。

上文我们说到人类所感知的世界其实是局部的现象世界。而每一个个体在现象世界又只能看到一小部分，正如盲人摸象，所知所见皆仅得一隅，因此只能是偏知偏见。因为每个人所知所见不同，因而所思所言各异，当然是其所是，非其所非，于是有了百家之争论。

人类争论是非对错必然要依赖一个判断的标准，但庄子指出这个标准是不存在的。“物有同是乎？”万物根本就没有一个统一的标准。“所言者，特未定也。”既然如此，那请谁来评判是非对错呢？

既使我与若辩矣，若胜我，我不若胜，若果是也？

我果非也邪？我胜若，若不吾胜？我果是也？而果非也邪？其或是也？其或非也邪？其俱是也？其俱非也邪？我与若不能相知也。则人固受其黮暗，吾谁使正之？使同乎若者正之，既与若同矣，恶能正之？使同乎我者正之，既同乎我矣，恶能正之？使异乎我与若者正之，既异乎我与若矣，恶能正之？使同乎我与若者正之，既同乎我与若矣，恶能正之？然则我与若与人俱不能相知也，而待彼也邪？

根本找不到一个绝对公正的人可以评判是非对错。“因为辩也者，有不见也。”化声皆是相待之物。因此庄子主张大道不称，大辩不言，知不言之辩，不道之道。如此方能葆光。

面对世俗世界的物物有碍，争是争非，庄子的态度是“和之以天倪，因之以曼衍，所以穷年也。忘年忘义，振于无竟，故寓诸无竟”。

庄子高明的地方还在于他清晰地明了语言争论的不足，因而在说这些道理之后，附上一句“今且有言于此，不知其与是类乎？其与是不类乎？类与不类，相与为类，则与彼无以异矣”。可谓随立随扫。

因此，庄子的世界观从道体而言是真空，即“未始有物”，从道用而言是妙有，即“万物齐一”。这既是体用的圆融，也是现象世界的圆融。现象与本体如同“海浪”与“海水”。“海浪”的本质是“海水”，表现为“海浪”，但作为本质的“海水”并不妨碍作为现象的“海浪”；“海水”的表现是“海浪”，但本质是“海水”，作为现象的“海浪”并不妨碍作为本质的“海水”。所以，“海水”和“海浪”的关系是圆融无碍的。进一步说，此海浪和彼海浪也是圆融无碍的。

另外对于世界为什么是齐同的，庄子还安立了一个气化理论，在形而上的道与形而下的物之间搭建了一个桥梁，以沟通体用，这样就不仅消融了体用的相隔，也消融了物物相隔，因为通天下一气耳，万物皆是一气之所化，随时而散，随时而聚，一时成树，一时成花，哪里还有什么本质上的分别呢？

齐物是一种境界，而不是逻辑思辨的结果，因此不能用逻辑思辨去求得。正因为如此，一般人很难把握，正如庄子所说，此一境界乃待万世之后遇一大圣乃得解之。

说到齐物思想，在先秦诸子中有很多人提出齐物的思想理论，但是都与庄子不同。比如慎到、惠子等人的齐物，是理性思辨的认知，目的是表达政治诉求，而庄子的齐物是一种境界，目的是揭示世界的实相。慎到、惠子等人的齐物观都没有实证，也没有本体论，只是从物的分析、理念的思辨得出的结论，因此，战国诸子的齐物思想只是一个哲学思辨与外物的分析，皆是对物之理和名之理的探求，而不是境界。这样一来，虽然诸子可以得到一个相似的结论，但知见齐物与照见齐物毕竟不同。庄子反对哲学思辨以及对外物的不断探求，“圣人不由，而照之于大”。唯有进入世界的整体，否则，生有涯而知无涯，以有涯之生求无涯之知，必殆矣。最终“形与影竞走，逐物而不反”，真相了不可得。

一般人只认识到存有，即现象，而未认识到真空，即本质，于是有了颠倒、迷惑、执着。一些有智慧的人，通过存有，即现象，照见真空，即本质，可是仅如此还不够，还要从空入有，但此时境界的“有”，与原本的“有”已经不同，原本的“有”是存有，是物物有碍，现在的“有”是妙有，是物物无碍，如此圆融本体与现象，真空即是妙有，妙有即是真空，二者是一，不是二。这样还不够，还要认识到现象世界也是无限圆融的。

除了《齐物论》篇，在《庄子》的其他篇章中也始终贯穿着万物齐同的思想。比较值得注意的是两个篇章，一个是《秋水》篇，一个是《知北游》篇。在《秋水》篇，河伯和海若的对话，尤其值得注意。

河伯问：“我以天地为大，以毫末为小，可以吗？”海若说：“不可以。物的数量是无穷尽的，时间是不会停止的，得失不是恒常不变的，终始也不是固定不变的。所以有大智慧的人能够觉照一切宏观与微观。世人看到小的东西，他不觉得小；世人看到大的东西，他也不觉得大，这是因为他能够用全维视角来看待万物的大小。他能够了知古今变化无穷，所以对过去不厌倦，对未来不期待，因为他知道时间是没有止境的。他觉照到事物盈满和空虚在不断转化，所以得到了不欣喜，失去了不悲伤，因为他知道得失是在不断互换的；他明白死生是一样的，所以对生不感到欣喜，对死也不厌恶，因为他知道死生往复的道理。人所知道的，不如他所不知道的多；有生命的时间，远不如他没有生命的时间久；以极其有限的智慧和极其短暂的生命去希冀穷尽宇宙的知识，必然会陷入迷惑而无所得。由此看来，又怎么知道毫末可以确定最小的限度？怎么知道天地足以穷尽最大的领域呢！”

这一段话非常妙，无大无小，无古无今，无得无失，无生无死。这四句话破除了人们对大小、古今、得失、生死的执着。大小是空间，古今是时间，生死和得失是万物的变化。宇宙无时间和空间的限制，虽然现象变化，但根本没有变化。就好像组成宇宙的基本粒子，并没有增加，也没有减少，性质也没有改变，只是组合方式不同。

河伯说：“人们都说：‘最细小之物没有形体，最庞大之物是无法度量其外围的。’这话真实可靠吗？”海若说：“从微观去看宏观，或者是从宏观去看微观，都是各有偏执的。所说的‘精’，是指微小中最微小的；所说的‘垺’，是指广大中最广大的。所谓精小粗大，乃是有形之物，至于无形之物便是数量也不能穷尽了。可以用语言讨论的是粗大的事物，可以用心意传达的是精细的事物，至于语言所不能讨论、心意所不能传达的，那就连精细粗大的概念都没有了。

至精无形，至广无围，虽有道理，但仍落在大小之见上。所观因视角不同而有所分别，以小观大，以大观小，皆不可。因为都是被遮蔽了，不能见大道的全貌。河伯在上一节已经明白视觉中的大小没有差别，但是理念中的大小无别仍然没有达到。语言所可讨论的是有形的大小，理念所可思考的乃是无形的大小，再往上则无形无相，语言不可及，理念不可及，只有“以明”才知无大无小。这里先破有形之大小，再破无形之大小，最后连大小的概念也没有了。世界如同一颗宝珠，常人坠入其中，为角度所遮蔽，产生种种偏见，于是有了种种分别。如果以整体来看则无二无别。

河伯说：“那从什么地方来区分大小、贵贱呢？”海若说："从大道来看，万物没有贵贱之分。从万物自身角度来看，万物各自为贵，而以对方为贱。从世俗观念来看，事物之贵贱不是自身所固有的。从万物的差别来看，如果顺着万物大的一面来看，那么万物没有不是大的；如果顺着万物小的一面来看，那么万物没有不是小的。大小是相对的。如果你能懂得天地如同一粒小米，毫毛如同一座大山，那么你就能明白万物大小的相对性了。从万物有的一面来看，没有一物不是有；从万物无的一面来看，没有一物不是无。从万物对的一面来看，没有一物不是对；从万物错的一面来看，没有一物不是错。栋梁可用来冲撞城门，而不可用来堵塞老鼠洞，这是器用的不同。良马可日行千里，而捕鼠不如猫，这是技能的不同。猫头鹰夜里可以抓住跳蚤，白天看不见丘山，这是物性的不同。你哪里能明白贵贱的门径、大小的区别呢？"

所谓的大小、贵贱，乃至万物的功用和价值取向，也都是所站的视角不同罢了。

河伯说："既然如此，那么我应该做什么？不该做什么？对于事物的取舍标准是什么呢？”海若说：“从道的角度来看，无所谓贵贱、大小。贵贱、大小都是相互转化的，不要被认知局限，背离大道。要保持中正、超然、宽大，没有偏私，没有二元对立，包容一切，无穷无尽，没有彼此的界限。万物原本就是齐一的，哪个短哪个长呢。万物有死生的变化，而大道却没有。万物时盈时虚，时时转化，没有固定不变的状态。岁月不能留存，时间不能停止。天地万物的生死、成败都是不断循环的。这就是大道的法则，万物的道理。万物的生长就像快马奔驰一样，没有一个动作不在变化，没有一个时间不在移动，应该做什么，不应该做什么，万物本来就是遵循自己的本性而变化的。”

万物皆在变化之中，无时无刻不在变动，以道观之，现象虽殊，本质一如。所以无须人为地去做增加或减少的工作，顺任自然，万物自化。

《知北游》篇里也说，“生也死之徒，死也生之始，孰知其纪！人之生，气之聚也。聚则为生，散则为死。若死生为徒，吾又何患！故万物一也。是其所美者为神奇，其所恶者为臭腐；臭腐复化为神奇，神奇复化为臭腐。故曰‘通天下一气耳’。圣人故贵一。”

从运动状态来看，生是死的连续，死是生的开始。从万物的性质来看，生和死是同一类事物，都是气。气聚则生，气散则死。如果死生都只是气的不同表现形式，那我们还有什么值得担心的呢！所以说，万物实际上是一体的。人们把自己认为美好的东西称为神奇，而把自己厌恶的东西称之为臭腐，却不知道，臭腐可转化为神奇，神奇也可以转化臭腐。所以说“整个世界只是气的变化罢了”。所以圣人的可贵就在于能够把握世界的整体。

庄子的世界观与众人不同就在于整体与局部、本体与现象。看见整体自然万物齐同，只见局部自然物我两分。简言之，如果你不再将自己视为某个特定的存在，而是将自己等同于世界全体或道的本身，那么作为特定存在所可能遇到的一切问题就将全部消解。此时，无所谓得到与失去，因为你即是万物的全体；无所谓存在与消亡，因为你即是道的本身。

第三章 逍遥境界

（一）

通过以上我们知道，人们的认知充满二元对立，具有很大的局限性，不真实、不独立、不永恒。因此处于俗境的人自然充满种种困苦。庄子告诉我们，破解之道就是能够认识到世界的本体与全体。如此，自然没有二元对立，从而进入至美至乐的境界。

可是这样的境界呢，不好说出来。为什么呢？一是因为如果不是通过“以明”了解的，用语言无法描述。可言，非道也。言语道断。二是如果过多地描述这样的境界，反而让人执着于对这样境界的追求，平添了对于境界的执着，这种描述出来的境界反而成了另一种障碍。

但是为了劝导世人又不得不用人类可以认知的方式，用人类的语言来勉强地做一个说明。所以庄子常常用一些寓言故事，用一些文学的笔调来描绘他心中的理想人格。

庄子在《逍遥游》篇描述了至人的状态："乘天地之正，御六气之辩，以游无穷。"顺应天地万物的本性，因循六气的变化，遨游于无穷的世界。什么意思？就是能够把握道的体用，游于无穷。就是融入世界的整体，无处不在。

类似的描述还有很多。"乘云气，御飞龙，而游乎四海之外""乘云气，骑日月，而游乎四海之外""乘夫莽眇之鸟，出六极之外，而游无何有之乡"。

这里的天地之正、六气之辩、云气、飞龙、日月等等都是指大道的妙用。四海之外、六极之外、广漠之野、无何有之乡等等，都是指大道。至人、真人、神人、圣人都是指得道者。

庄子对得道者的状态的描述喜欢用"游"，这个"游"就是逍遥的意思，就是突破了所有的局限性，突破了时间与空间，突破了物类的局限，出入于本体与现象之间，游乎万物之间的意思。类似的描述有：游于物之初，游于德之和，游于无极之野，游于六合之外，游于大莫之国，与造物者游。这种突破了所有的局限，无处不在、无时不有、无物不化的状态，成为庄子的理想人格。

藐姑射之山，有神人居焉。肌肤若冰雪，绰约若处子。不食五谷，吸风饮露。乘云气，御飞龙，而游乎四海之外。其神凝，使物不疵疠而年谷熟。

物莫之伤，大浸稽天而不溺，大旱金石流土山焦而不热。是其尘垢粃糠将犹陶铸尧舜者也。

姑射神山上住着神人，肌肤像雪一样白，姿态如同处子一样美好，不吃五谷杂粮，终日吸风饮露，乘着云气，驾驭飞龙，遨游于四海之外。他的神情专一，能使农作物不受病害而五谷丰登。

外物无法伤害到他，洪水滔天也淹不着，天气旱热到即使把金属与石头都晒化了、土壤山林都烤焦了，他也不会觉得热。他的尘垢也可以造就世间的圣人。

至人神矣！大泽焚而不能热，河汉冱而不能寒，疾雷破山、飘风振海而不能惊。若然者，乘云气，骑日月，而游乎四海之外，死生无变于己，而况利害之端乎！

圣人神妙啊！山林焚烧而不能使他感到热，江河封冻不能使他感到冷，雷霆震撼山岳、狂风翻江倒海不能使他感到震惊。这样的得道者，驾着云气，骑着日月，在四海之外遨游，死生尚且不能影响他，何况利害呢！

“至人潜行不窒，蹈火不热，行乎万物之上而不栗。”“古之真人……登高不栗，入水不濡，入火不热。”得道者为什么可以如此呢？庄子说：“物物而不物于物，则胡可得而累邪！”“人能虚己以游世，其孰能害之。”得道者超越了物我的局限，进入了世界的整体。其实这里说的俗境与道境本来也是无二无别的。只是为了方便言说。当你能够认识到世界的本质与整体，那么你也就进入了庄子的境界。在一个没有二元对立的世界里，自然“无天灾，无物累，无人非，无鬼责”。因此庄子倡导“于无何有之乡，广莫之野，彷徨乎无为其侧，逍遥乎寝卧其下……安所困苦哉！”优游于大道之乡，哪里还有什么困苦呢！

（二）

正是由于认识到人们认知的局限性，因此，庄子常常倡导大家打开格局。

北冥有鱼，其名为鲲。鲲之大，不知其几千里也。化而为鸟，其名为鹏。鹏之背，不知其几千里也。怒而飞，其翼若垂天之云。是鸟也，海运则将徙于南冥。南冥者，天池也。

大家不要认为他只是在讲一个寓言故事，这里边暗含着很深的含义，先说它的明喻的部分，隐喻还有意思，我们留待以后再说。

鲲鹏由小而大，由鱼而鸟，由有待而无待，层层飞升，正是修道者从俗境向道境不断精进的历程。

南冥、北冥什么意思？为什么这只鸟要从北冥飞往南冥？北冥喻幽暗无明，南冥喻光明彼岸。从北冥到南冥，就是从俗境到道境。

庄子列出了由低到高的四层境界。

故夫知效一官，行比一乡，德合一君，而征一国者，其自视也，亦若此矣。而宋荣子犹然笑之。且举世而誉之而不加劝，举世而非之而不加沮，定乎内外之分，辩乎荣辱之境，斯已矣。彼其于世，未数数然也。虽然，犹有未树也。夫列子御风而行，泠然善也，旬有五日而后反。彼于致福者，未数数然也。此虽免乎行，犹有所待者也。若夫乘天地之正而御六气之辩，以游无穷者，彼且恶乎待哉！故曰：至人无己，神人无功，圣人无名。

有些人才智可以担任某一官职，行为可以符合某一地方人的期望，德才可配治理一个国家，他们对自己的看法也是如此，而宋荣子却讥笑他们。宋荣子可以做到全天下的人都称赞他，他也不会更加勤勉；全天下的人都责难他，他也不会因而沮丧。他能够懂得自我与外物的分别，辨别光荣与耻辱的界限，宋荣子就是这样的超脱。他对于名誉并没有放在心上。虽然如此，仍然不够。列子乘风而行，样子很轻妙，半个月后才回来。他对于幸福没有祈求。虽然有神通，但仍需要依赖风才能飞。如果像至人那样能够顺应天地万物的本性，因循六气的变化，遨游于无穷的世界，那才是绝对的自由啊！

第一层境界："知效一官，行比一乡，德合一君而征一国者。"这是世俗成功者的境界。这三种人其实是一类人，就是世俗中的能人和成就者。这些人就算成就再大，也都还在二元对立之中。

第二层境界："且举世而誉之而不加劝，举世而非之而不加沮，定乎内外之分，辩乎荣辱之境，斯已矣。"这是悟道者的境界。在修道的路上。从理上觉悟了。

第三层境界："御风而行，泠然善也，旬有五日而后反。"这是证道者的境界。这个境界比宋荣子境界更高了，已经不单纯的是从理上悟，已经出现身心的转化，真正证得了一些境界了。

第四层境界:“乘天地之正御六气之辩,以游无穷。”这是得道者的境界。这是最高的境界,物我两忘,突破一切的局限,从世界的本质与整体来认识世界。这就是庄子所说的逍遥的境界。

“彼且恶乎待哉?”在世俗的认知中,万事万物都是有待的,什么是有待,就是必要依靠一定的条件才会产生。但因条件而生者必因条件而灭,这是有待,是“生灭法”有生有灭的。只有得道者是无待的。什么是无待?就是不依靠任何条件的存在,所以是不生不灭的。为什么得道者无待呢?因为道本身是无待的,得道者与道合一,因此无待。

“故曰:至人无己,神人无功,圣人无名。”这句话非常重要,关键就在“无己”,当你能够突破小我的束缚,与世界的整体合而为一,那么作为有局限性的小我所可能遇到的一切问题就将全部消解。

（三）

庄子常常叹惜世人“丧己于物，失性于俗”。世人整日忙忙碌碌以功名利禄为幸福之本，却不知此外在之物只是暂时寄存的。整日追求虚幻不实的幸福而失去了大道的根本，可谓本末颠倒。

庄子说过一个用宝珠打麻雀的比喻。“今且有人于此，以随侯之珠弹千仞之雀，世必笑之。是何也？则其所用者重而所要者轻也。夫生者岂特随侯之珠重哉！”世人追求世俗的名利不就像是用宝珠打麻雀一样可笑吗？

所以庄子说：觉悟生命的人，不会去追求真我所不必要的东西；通晓命运实情的人，不去做无能为力的事情。保养形体必须要一定物质条件，可是有些人物资充足而形体却保养不好；保有生命当然不能脱离形体，可是有些人形体保养得好好的，而真我已经亡失了。

鱼是庄子中经常运用的一个意象，这里庄子又用鱼做了一个比方，人离不开道，就像鱼儿离不开水一样，鱼在水中就快活，人在道中就逍遥。庄子说，离开世界的整体落入二元对立的人就像离开水而落入干枯的陆地上的鱼，本身已经很干枯了，还要互相争斗，而最理想的状态，也不过是相濡以沫。就算世俗世界处处充满爱，鱼儿相互吐着唾沫滋润对方，可是这样又有什么用呢？与其如此，还不如回归无限的大海之中，虽然两两相忘，可是生命得以保存，自由得以实现，不是更幸福吗？

凡圣对比，生存的局限性是很明显的。为了帮助大家认识到差别，庄子可以说是用心良苦。

有一次世俗中的大知公孙龙问修道者魏牟说："我年轻的时候就学习先王大道，年长后通晓仁义的行为，能把相异的事物论证为同一，能把坚白等属性论证为分离；能在辩论中把别人认为不对的说成对的，把别人认为不可以的说成可以的；能难倒百家，使众多辩论高手理屈词穷；我自以为已经达到知识的极限了。现在我听了庄子的言论，大惑不解，不知是我的辩才不及他呢，还是知识不如他？现在我面对他竟然不知道该说什么，请问这是什么原因呢？"

魏牟听了以后深深叹了一口气，然后仰天而笑说：

“你没有听说井底之蛙的故事吗？井蛙对东海之鳖说：‘瞧，我多么快乐呀！我跳到井栏上，又蹦回到井中，在井边休息，游水则井水托住腋窝和两腮之下，践踏淤泥则没过脚背；环视周围的小螃蟹、小蝌蚪，没有能像我这样自如的！况且我独占一井之水，在其中跳跃蹲踞的乐趣，可以说达到极点了，您为什么不来观赏一下呢？’东海之鳖应邀前往，可是左足还没有踏到井底，右膝就被绊住了。只好退了出来，于是告诉井蛙关于大海的样子说：‘你是没有见过大海呀！用千里的遥远，不足以形容海之大；用八千尺的高度，不足以穷尽海之深。大禹的时代，十年有九年发生水灾，而海水并不因此而增加；商汤时代，八年有七年闹旱灾，海水也不因此而减少。它不为时间的长短而有所改变，不因雨水多少而有所增减，这是东海的无限之乐啊！’井蛙听了这些，惊怖不已，茫然若失。现在你的智慧还不能觉悟根本真理，想要领会庄子的言论，不就像让蚊子背大山，让商蚷在河中游一样，不能胜任吗？现在你的智慧不足以理解微妙的言论，还自满于口舌相争的胜利，这不是和井蛙一样无知吗？庄子的言论高深莫测，一会儿在地下极深处，一会儿在天上极高处，不分南北，四面畅通无碍，深入于不可知的境界；不分东西，从幽远暗昧之境开始，再返回于无不通达的大道。你就只知琐细分辨，想用观测和逻辑推理去求索真理，这简直是从管子里看天，用锥子尖指地一样，不是所见太小了吗？”

庄子一方面悲叹世人“与物相刃相靡，其行尽如驰而莫之能止，不亦悲乎！”“终身役役而不见其成功，苶然疲役而不知其所归，可不哀邪！”“其形化，其心与之然，可不谓大哀乎！”另一方面，他也清醒地意识到劝导世人的艰难。“今已为物也，欲复归根，不亦难乎！”为物，即是物的层次，即是分别对待的局部的现象世界。归根，即是道的层次，即是无相待无对待的全体的本体世界。世人已经从全体落入了局部，想要再回到整体是很不容易的。这些可以引导世人的至言即使是世俗中的大知之人也是难以理解的。有一次，惠子嘲笑他说，你的言论好比是大葫芦，看起来很大，实际上什么用处也没有。庄子说，那是你不会用。你有这样一个大葫芦正可以用作腰舟遨游于江湖啊！惠子所说的“用”是世俗的用，是大能够成就功名利禄，小能够耕田育树。庄子的“至言”对于世俗的这些是没有什么用处的，它的功用在于帮助人们认识到世俗的局限，提升生命的境界，从而超越世俗。“大葫芦”比喻的是庄子的“至言”，“江湖”比喻的是大道之乡。惠子怀抱至言却叹其无用，其实正可以乘此至言而遨游于大道之乡。庄子的志向哪里是世俗中的这些功用呢？他所追求的乃是超越世俗的最大的用。现象世界并非本体，所以庄子感叹人生如梦。人生的意义不在于把噩梦变成美梦，而是从梦中醒来。

庄子总是循循善诱、不遗余力地劝导世人。《天地》篇有一段话颇值得思考：“知道自己是愚昧的还不是真正的愚昧，知道自己迷惑的还不是真正的迷惑。真正迷惑的人，一辈子也找不到答案；真正愚蠢的人，一辈子也不能觉悟。”

能够认识到自己的不足，即使现在疑惑，还有能够虚心请教、虚心学习的态度。通过虚心的请教、虚心的学习，终有提升认知、解开疑惑的一天。可是如果自己不能够意识到自己的不足，自以为自己已经很高明了，那就失去了向别人学习的机会，也就失去了觉悟的机会了。

“三个人一起行走，其中一个迷惑，所要去的地方还可以到达，这是因为迷惑的人少；如果两个人迷惑，费尽力气也无法到达，这是因为迷惑的人多。”

三个人一起走路，有两个人很清楚知道应该往南，只有一个人迷惑不知，这个时候，因为清楚方向的人多，所以还能够抵达。可是如果这三个人之中有两个人方向都搞错了，一个说向东，一个说向西，另外一个清楚的人虽然知道应该向南，因为很难达成一致的方向，也就很难抵达目的地了。

“如今，天下的人都迷惑了，虽然有所指引，却没有办法解决，这是很可惜的。高雅的音乐世俗人不喜欢，民间小曲，世俗人听了都会欣然而笑。”

众生皆迷，劝导艰难。世人只喜欢世俗的知识，对于究竟真理却弃之不问。

“如今天下人都迷惑，即使指引方向，他们又怎么可能到达呢！明知不可能到达却要勉强劝导，这不是给自己增加烦恼吗？所以不如不去劝导，不去劝导还有什么烦恼吗？”

庄子当然不会放弃劝导世人的努力。他慈悲济世，不舍众生，为的就是能够让众生离苦得乐，成就究竟的幸福。这倒不是他执着于众生相，执着于度化，而是一种慈悲，一种根本的圆融。

第四章 复返自然

（一）

如何才能进入庄子的境界呢？我们先要知道造成凡圣之别的原因是什么，大道是如何被遮蔽的，人如何从整体落入了局部。

这里，庄子以上古至战国为时代背景，分析了道德的不断跌落。

古之人，在混芒之中，与一世而得澹漠焉。当是时也，阴阳和静，鬼神不扰，四时得节，万物不伤，群生不夭，人虽有知，无所用之，此之谓至一。当是时也，莫之为而常自然。逮德下衰，及燧人、伏羲始为天下，是故顺而不一。德又下衰，及神农、黄帝始为天下，是故安而不顺。德又下衰，及唐、虞始为天下，兴治化之流，澆淳散朴，离道以善，险德以行，然后去性而从于心。心与心识，知而不足以定天下，然后附之以文，益之以博。文灭质，博溺心，然后民始惑乱，无以反其性情而复其初。

在这段话中，庄子描述了上古时代人淳朴的生活状态。古时候的人，处在一片混沌之中，没有分别，举世都淡漠无欲。那时候阴阳协调、鬼神不扰、四时和顺、万物不伤、健康长寿。人们虽然有心智，却无处可用，这称为纯一的境地。在那时候，无所作为而万物自然生长。等到德性衰落，到了燧人氏、伏羲氏开始治理天下，人民内心和顺，但本性却不能返回纯一的境地。德性再衰落，到了神农、黄帝开始治理天下，人民外在安分守己，但内心不再和顺。德性又衰落，到了唐尧、虞舜开始治理天下，大兴教化，纯朴不再，离开了道和德去作为，然后舍弃本性，顺从机心。人们只机心与机心相交，天下大乱。为了治理日益混乱的社会，统治者制定出大量的礼义推行天下。但是，这反而导致了更大的混乱，因为它们进一步破坏了人们原本纯一的本性，使人无法再返回到天真本性了。

人是群居动物，群体对人的影响是巨大的。如果群体淳朴，那么人心自然淳朴；如果群体充满了各种是非争斗，那么人心也自然充满各种是非争斗。而分别心一起，大道即隐，于是是非彰显。上面这段话准确地表述了社会由圣而凡不断跌落的过程。正如老子所说："失道而后德，失德而后仁，失仁而后义，失义而后礼。夫礼者，忠信之薄而乱之首。"在庄子看来，从上古时代至战国时代，道德越来越跌落，人心越来越纷乱。

夫至德之世，同与禽兽居，族与万物并。恶乎知君子小人哉！同乎无知，其德不离；同乎无欲，是谓素朴。素朴而民性得矣。及至圣人，蹩躠为仁，踶跂为义，而天下始疑矣。澶漫为乐，摘僻为礼，而天下始分矣。故纯朴不残，孰为牺樽！白玉不毁，孰为珪璋！道德不废，安取仁义！性情不离，安用礼乐！五色不乱，孰为文采！五声不乱，孰应六律！夫残朴以为器，工匠之罪也；毁道德以为仁义，圣人之过也。

盛德的时代，人们和鸟兽同居，和万物相聚，哪里会区分什么君子和小人。大家都不用智巧，本性就不会离失。大家都没有贪欲，所以都纯真朴实。纯朴便能保持本性。等到圣人出现了，汲汲于仁义礼乐，天下于是迷惑，人心于是分别。所以完整的树木不被雕刻，怎么会有酒器？洁白的玉不被损坏，怎么会有珪璋？大道不被废弛，哪会有仁义？真性不被离弃，哪会有礼乐？色彩不被散乱，怎会有文采？声音不被错漏，怎会有六律？砍伐树木来做器具，这是工匠的罪过。毁坏大道来求仁义，这是圣人的过失。

树木被毁才有酒器，说明酒器的出现恰恰证明有树木被毁坏了。同样的，珪璋出现证明有美玉被毁坏了，仁义出现证明大道被遮蔽了，礼乐出现证明真性迷失了，文采出现证明颜色散乱了，六律出现证明声音错漏了。

庄子认为人们追捧仁义礼乐，却不知道这正是大道丧失的标志。一种事物被认为是善的，必然有另一种事物被认为是恶的；人们推崇一类事物，必然会驳斥另一类事物，不断地区别，不断地细分，如此一来，人们的分别心越来越重，原来淳朴至一就被割裂了，于是本性退隐，机心登场。

子贡南游于楚，反于晋，过汉阴，见一丈人方将为圃畦，凿隧而入井，抱瓮而出灌，搰搰然用力甚多而见功寡。子贡曰："有械于此，一日浸百畦，用力甚寡而见功多，夫子不欲乎？"为圃者仰而视之，曰："奈何？"曰："凿木为机，后重前轻，挈水若抽，数如泆汤，其名为槔。"为圃者忿然作色而笑曰："吾闻之吾师，有机械者必有机事，有机事者必有机心。机心存于胸中，则纯白不备。纯白不备，则神生不定。神生不定者，道之所不载也。吾非不知，羞而不为也。"

子贡从南边的楚国游历回来，返回晋国的时候，在汉水的南边见到一个老头正在菜园里整地开畦，打了一条浅浅的水道直通到井中，抱着水瓮浇水灌地，来来回回地，用力甚多而功效甚少。子贡见了说："您还不知道吗？现在有一种机械，每天可以浇灌上百个菜畦，用力很少而功效颇多，老先生你不想试试吗？"老头抬起头来看着子贡说："应该怎么做呢？"子贡说："用木料加工成机械，后面重而前面轻，提水就像从井中抽水似的，快速犹如沸腾的水向外溢出一样，这种机械称为桔槔。"老头听了以后，先是很生气，然后笑笑说："我从我的老师那里听到这样的话，有了机械之类的东西必定会出现机巧之类的事，有了机巧之类的事必定会出现机变之类的心思。机变的心思存留在胸中，本性就丧失了。本性丧失，精神从此不再安定。精神不能安定，就不能体证大道了。我不是不知道你所说的办法，只不过感到羞辱而不愿那样做呀。"

机械的出现虽可以省时省力，但却是一种取巧的行为。一旦人们开始热衷于奇技淫巧，内心就不再纯真朴实。内心不再纯真朴实，本性就会退隐；本性退隐，精神就不能守一；精神不能守一，就不能再体证大道了。

庄子常常批驳儒、墨，并不是儒、墨本身不好，也不是有意为了批驳而批驳，而是在他看来世界本来就是一个纯一的整体，如果分仁分义，分儒分墨，纯一的整体就被割裂了，就从整体跌落到了局部。而用局部去解决局部，最终只能是无解。要想人生问题得到彻底根本的解决，只有回归到世界整体。

可是具有这样慧见的人毕竟少之又少。天下皆迷。社会整体的跌落具有巨大的惯性和力量，想要由滑乱而返回纯一，显得十分艰难，庄子及其后学清醒地认识到了这一点，因此发出了天下皆迷的感叹。可是即使是在这样天下皆迷的情况下，庄子仍然以无尽的悲心大声呼唤，劝导世人。

（二）

“夫道未始有封，言未始有常，为是而有畛也。”大道本然的情形原本是没有分别的，因为有一个“成心”所以产生了我与物、此与彼、是与非等等的分别。于是“道隐于小成，言隐于荣华”。执着于局部的成就，整体的大道就被遮蔽了；执着于言论思辨的精细美妙，真正的“至言”就被遮蔽了。一旦有一个“我”的存在，就落入了我和外物的二元对立中。

大道原本混沌，万物原本齐同，皆因存一个“我”而将混一之道割裂为“我”“物”两者，于是大道即隐而不知矣。可是这个假我又是怎么来的呢？在庄子内篇的最后道出了这个秘密。

南海之帝为儵，北海之帝为忽，中央之帝为浑沌。儵与忽时相与遇于浑沌之地，浑沌待之甚善。儵与忽谋报浑沌之德，曰：“人皆有七窍以视听食息。此独无有，尝试凿之。”日凿一窍，七日而浑沌死。

这是一个非常精彩的寓言。大道原本浑然一体，因为有了七窍，所以有了能知，有了分别。七窍者，欲念分别之门也。所谓七窍就是生理感知。原来，人的思维认知的基础是生理感知，而这才是二元对立之我建立的基础。

所以庄子说："失性有五：一曰五色乱目，使目不明；二曰五声乱耳，使耳不聪；三曰五臭薰鼻，困惾中颡；四曰五味浊口，使口厉爽；五曰趣舍滑心，使性飞扬。此五者，皆生之害也。"

让人丧失天真本性的有五种东西，即目见五色、耳闻五声、鼻嗅五臭、口尝五味、心做取舍。这五种东西都是天真本性的祸害啊！

总的来说，大道是如何被遮蔽的？人如何从整体落入了局部？是因为有了一个二元对立的"我"。

通过前文我们已经知道，庄子为了破除我执，是从三个方面进行破解的：从析色空来看，从种种情态到四肢百骇，竟无一处是我；从即色空来看，罔两问景、庄周梦蝶，现象皆是本体的显现；从缘起空来看，生者假借也，气之聚散。从现象的组成而言是析色空，从道体而言是即色空，从道用而言是缘起空。这样就从本质与现象，两层三分，破除了对小我的执着。

因此庄子在《齐物论》的一开篇就在破我执。

南郭子綦隐几而坐，仰天而嘘。嗒焉似丧其耦。颜成子游立侍乎前，曰："何居乎？形固可使如槁木，而心固可使如死灰乎？今之隐几者，非昔之隐几者也？"子綦曰："偃，不亦善乎而问之也！今者吾丧我，汝知之乎？"

隐几，隐去机心，收摄心念。坐，调整身姿。仰天而嘘，顺乎自然的呼吸。"嗒焉似丧其耦"，关闭五官感受，天人合一，没有了二元对立。"形如槁木"，摒除了生理的感知。"心如死灰"，摒除了心理的认知。"吾丧我"，破除了对自我的执着。

"吾丧我"，什么意思呢，丧耦只是去除对待之物，但自我中心主义仍在。丧我则连我也去除了。吾，即真我；我，即假我。"吾丧我"，就是存真我，去假我。

（三）

庄子倡导人们回归自然。可是怎样才能回归呢？

人们对于知识异常地崇拜，总是认为不能够认识世界的根本真理是因为知识不够，于是不断地学习，不断地积累知识，想要通过知识的不断增长来提升认知能力，最终认识到宇宙的根本真相。其实，落入局部现象中的人，其认识能力是极其有限的。人的感知是有限的，只能看见 370~740 光谱之间的东西，只能听到 20~20000 赫兹之间的声音。包括我们说的时间和空间也只是人感知的产物。人的认知是建立在感知基础上的，所以更加局限。而人的语言又是认知基础上的，所以局限程度不言自明。

庄子认为道是世界的本质与全体，物是局部的现象。知识只能用来认识物，即局部的现象，但却永远无法证悟道，即世界的本质与全体。

我们知道造成二元对立的原因，正是感知与认知。因此庄子认为回归自然是不能通过人的感知、认知、各种观测、逻辑推理、哲学思辨、知识的积累、语言、文字、辩论等这些途径达成的，因为这些都是造成二元对立的条件。庄子说“天光”，天是指天然本具，光是指智慧光明。人人本具智慧光明，可是为什么不能认识到根本的真实呢？正是因为感知与认知的遮蔽，使本性之光无法显发。

世俗的知识、聪明、智慧都只不过是世俗知、世俗智、世俗慧，庄子认为是“滑疑之耀”。通过这些是无法证道的，只有通过根本智、根本慧才能够认识道。人人本具的这个根本智、根本慧就是破除二元对立、无差别的整体观，庄子称为“天光”。这是我们的真心，而人的感知与认知是妄心。真心明照一切，可是一旦人们运用妄心，真心就隐藏起来了，只有人彻底地不用感知与认知的时候，它才显现。

所以庄子说，“滑疑之耀，圣人之所图也”。

道不能通过知识来获得。为学日益，为道日损。增长知识需要做加法，而回归自然需要做减法。比如大海想要认知天空，由于距离天空太过遥远，就不断地掀起巨浪，想要实实在在地触摸到天空，但这种办法是徒劳的，浪花与浪花之间还在互相研究以怎样的方式、风力、角度能够掀起更大的更高的浪花，比较浪花的大小、高低、美丑、结构等等，这些都是南辕北辙的事情。岂不知只要大海能够完全地安静下来，平静的海面自然照见天宇。

道不能通过心智来获得。“知止乎其所不能知，至矣。”在大道面前停止运用人的心智，这才是正途。“若有不即是者，天钧败之。”如果妄图运用心智去认识道，是必然会失败的。

道不能通过研究万物来获得。“弱于德，强于物，其涂隩矣。由天地之道观惠施之能，其犹一蚊一虻之劳者也。其于物也何庸！夫充一尚可，曰愈贵，道几矣！惠施不能以此自宁，散于万物而不厌，卒以善辩为名。惜乎！惠施之才，骀荡而不得，逐万物而不反，是穷响以声，形与影竞走也，悲夫！”世俗的知识分子强调对外物的分析，没有内在的体证，这是走错路子了。他们的努力对于认识大道而言，就像一只蚊子、一只牛虻一样徒劳罢了。内德外荡而无所得，追逐万物而不知回头。这是用声音来止住回响，以形体与影子竞走，真是可悲呀！

道不能通过形象来获得。有一次冉求向孔子请教说："天地产生以前的情况可以知道吗？"孔子说："可以，古时候就像今天一样。"冉求就退了出来。第二天见到孔子，又说："昨天我问'天地产生以前的情况可以知道吗？'先生回答说：'可以，古时候就如今天一样。'昨天我心里很明白，今天又糊涂了，请问先生这是怎么回事呢？"孔子告诉他说："昨天你心里明白，是因为你运用心神领悟；今天你糊涂了，是因为又拘滞于具体形象而有所疑问了。"

道不能通过语言来获得。"言之所尽，知之所至，极物而已。睹道之人，不随其所废，不原其所起，此议之所止。"言论所穷尽的，知识所能够达到的，只是限于物的范围罢了。体证大道的人不会去研究物的起灭。"有名有实，是物之居；无名无实，在物之虚。可言可意，言而愈疏。"有名有实是物的范围，无名无实不属于物的范围。不属于物的范畴当然是不可言说的，只能领会。越言说，越远离大道。

道不能通过是是非非的分别来获得。"故分也者，有不分也。”“是亦一无穷，非亦一无穷也。故曰：莫若以明。”

道不能通过观测和辩论来获得。“子乃规规然而求之以察，索之以辩，是直用管窥天，用锥指地也，不亦小乎？”用浅陋的、观测的办法去探寻它的奥妙，用论辩的方式去探求它的真谛，这只不过是用竹管去窥视高远的苍天，用锥子去测量浑厚的大地，不是太渺小了吗！“辩也者，有不辩也。曰：何也？圣人怀之，众人辩之以相示也。故曰辩也者有不见也。”一旦人们进行辩论，就必然有辩论所不能论及的。圣人总是默默地体会大道，而众人在那里不停地争论。这时候执着于现象，大道就被遮蔽了。

道不能通过知识、语言、心智、辩论等方式去获得，那么回归自然的方式是什么呢？庄子称之为“以明”。“欲是其所非而非其所是，则莫若以明。”“是亦一无穷，非亦一无穷也。故曰：莫若以明。”“为是不用而寓诸庸，此之谓‘以明’。”

什么是“以明”呢？以明就是老子说的“用其光，

复归其明”。就是破除感知与认知二元对立的遮蔽，运用生命本具的智慧光明觉照一切。人类认知世界的方式有三种：一种是直觉加经验，一种是逻辑加实验，一种是直接体证。前两种方式都是在不改造感受器的基础上认识世界的。可是我们这个感受器存在极大的局限性，通过这个具有极大局限性的感受器所认知的世界也必然是不完整的。庄子倡导的就是破除感受器的局限性，深入到生命中与道接通的智慧光明，运用这个智慧光明彻照世界的实相。

所以回归自然没有别的，就是破除二元对立的局限性，回到世界的整体。而这是“损之又损，以至于无”的过程。不断减少自己的分别知见，“至于无”方能“至于道”。

（四）

回归自然要学会谦卑和恭敬。庄子讲了一个杨子居见老子的故事，这个故事就很生动形象地说明了求道者谦卑的重要性。

阳子居有一次向老子请教问题，他们在梁地相遇。老子看到他自以为是的样子感到很失望，就说："起初我以为你可以受教，现在才知道你根本不行啊！"阳子居听了一愣，但没有说什么。到了旅馆，他侍奉老子梳洗完毕，把鞋脱在户外，膝行向前，说："刚才弟子想请教先生，怕先生要休息，所以不敢问，现在得空，请问我的过错是什么呢？"老子说："你傲慢的神态，谁要和你相处呢。真正修道的人，最洁白的好像有污点，最盛德的好像很不足。功德很高却还保持谦卑。"阳子居愧然变色，说："感谢先生的教诲！"当阳子居刚来的时候，旅馆的人都迎送他，旅馆的主人亲自安排席位，女主人给他拿毛巾梳子，先坐的人起来让出位置，烧饭的人都不敢当灶。等到他再回去的时候，旅馆的人和他争席位了。

学道的人最怕不谦卑，不谦卑的人往往志得意满，自以为是地活在自己的知见当中，并且对自己的知见充满了自信。这个时候你再去告诉他一些有关修道的道理，他不可能真心听进去。有些来问修道方法的人，往往还以一种审视的视角，或居高临下的视角，“我来看看你们都在搞的什么啊”，然后找里面的漏洞，找你语言当中的错漏的地方，找和他的那个逻辑思维对不上的地方，然后来攻击你，说你这个不符合逻辑啊。还有的人从哲学的视角把道变成一个哲学问题，作为一个学术问题来研究，而不是去体证，这就变成了一个旁观者。还有的人呢，学了一点知识，懂得了一点道理，就以为已经了悟了根本的境界，于是目空一切了，不要说这些人理尚没有悟，就算是理上已经彻悟了，也要高高山顶立，深深海底行。你看到山顶了，不等于你已经到了山顶了。给你一张地图，不等于你已经到达目的地了。即使是你看到了山顶，有了地图，还要从山脚下一步一步地向上攀登，向目的地进发呀。

老师最怕遇到这样的人。老子形容这样的人说，容貌和神态自命不凡，行为非常地张扬，外在好像有所抑制，但是内在却蠢蠢欲动，发动迅速如放弩矢，明察而干练，聪明过人而现骄傲之色，这都不是真实的本性。

真正求道者应该是什么样子的？庄子讲了一个黄帝向广成子问道的故事。有一次黄帝向广成子问道，被广成子棒喝之后，退了回来，抛弃政务，盖了一间草房子，在里面闭关三个月，然后再去请教他。请教的时候是什么样的神态呢？广成子朝南躺着，黄帝小心翼翼地从下方匍匐过去，再磕头拜礼问道。这才是求道者应该有的态度。始终保持谦卑，保持恭敬心，你才能够有提升的可能。

不要说初学者应该谦卑，就算是你有了一定的成就，也应该始终保持谦卑。

庄子对比了两类人，一类是正考父一样的人，一类是众人。正考父被任命为士的时候，觉得很惭愧，就曲着背走路，表现得很谦卑。后来被任命为大夫以后，见到人都恭恭敬敬地弯着腰让别人先走。再后来被任命为卿，他就俯着身子沿着墙走路了。可是现在许多人被任命为士，就开始自大起来；再被任命为大夫，那就在车上舞蹈起来了；再任命为卿，那就要求人家称呼他官职了。你看这样的对比多么强烈！

还有一个故事讲得也很形象。阳子到宋国，住在旅馆里，旅馆的主人有妻妾，一个长得很漂亮，一个面貌丑陋。可是很奇怪，面貌丑陋的却受到尊崇，长得漂亮的却被冷落。阳子就问这是怎么回事。旅馆的童子说，那美丽的自以为美丽，但是我并不觉得她美丽；那丑陋的自以为丑陋，但是我不觉得她丑陋。阳子听了忽然有所悟，就对他的弟子们说，弟子们记住啊，行为良善还能不去自我炫耀，到哪里会不受欢迎呢？

一个人只有始终保持谦卑、恭敬，才有成就的可能。

回归真朴的大道还要破除群体性分别的影响。意而子见许由的故事很好地说明了这一点。

有一次，意而子去向许由问道。许由先不说，而是问他说："尧教你了一些什么？"意而子说："尧对我说：一定要实行仁义而明辨是非。"许由一听说："那你还来这里做什么？尧既然用仁义给你行墨刑，用是非给你行劓刑，你的天真本性已经被这些残害了，你还怎么能够逍遥自在地游于大道之乡呢？"

如果一个人的内心被各种是非装满了，哪里还有空间容得下大道的至言呢？

（五）

在庄子看来，世界是“无物”与“齐物”的统一。这是从万物的角度来说的。若从人的角度来说就是“天人合一”。既然“万物齐同”“天人合一”，那么人自然与天地万物相通无碍。于是，作为宇宙论、本体论意义上的“万物齐同”“天人合一”思想又化作庄子的认识论、实践论和方法论。

庄子的认识论和方法论的总原则是“以明”，就是以生命本具的智慧光明照见世界的真实。这一原则的理论基础正是“万物齐同”“天人合一”的理论，即宇宙的实相就在人的本心之中，若能见此本心，则能彻见宇宙实相。

在人类的发展历程中，东西文化有着明显的不同，西方文化注重天人两分，东方文化强调天人合一。因为天人两分，所以必须通过对外物的研究来了解世界。因为天人合一，所以了解了自身，也就了解了世界。因此西方探索世界的方式是向外的，总是把一切看成物，不断地细分，然后再组合。但是这样的认识方式存在着天然的缺陷，因为整体大于局部之和。与之相比，东方文化是向内的，把一切看成与我们并生的一个整体，从整体上、系统上来认知世界。天人合一是中国文化的特色，而这个理念的提出源自庄子。庄子说："人与天，一也""天地与我并生，而万物与我为一。"既然庄子的世界观是天人合一的，那么相应的，他的认识世界的方式也必然是天人合一的。这样的认识方式不是拿着放大镜去一个一个地研究外物，而是回归我们的内在本性，启用生命本具的天光，觉照根本真实。即是说，去除对小我的执着与分别，把自己融入无限的世界中，与道合一。

（六）

庄子的修道方法中最重要的是心斋和坐忘。

回曰："敢问心斋。"仲尼曰："若一志，无听之以耳而听之以心，无听之以心而听之以气。听止于耳，心止于符。气也者，虚而待物者也，唯道集虚。虚者，心斋也。"

"瞻彼阕者，虚室生白，吉祥止止。夫且不止，是之谓坐驰。夫徇耳目内通而外于心知，鬼神将来舍，而况人乎！是万物之化也，禹、舜之所纽也，伏羲、几蘧之所行终，而况散焉者乎！"

颜回曰："回益矣。"仲尼曰："何谓也？"曰："回忘仁义矣。"曰："可矣，犹未也。"他日复见，曰："回益矣。"曰："何谓也？"曰："回忘礼乐矣！"曰："可矣，犹未也。"他日复见，曰："回益矣！"曰："何谓也？"曰："回坐忘矣。"仲尼蹴然曰："何谓坐忘？"颜回曰："隳肢体，黜聪明，离形去知，同于大通，此谓坐忘。"仲尼曰："同则无好也，化则无常也。而果其贤乎！丘也请从而后也。"

庄子认为，世界原本是齐同的，皆因人有了"成心"，大道于是割裂。而回归大道的途径即是涤除“成心”，由充满分别与二元对立的“成心”与“机心”回归到整一的“德心”与“常心”。“成心”的基础首先是“形知”，即感觉系统。通过这些感觉系统，人可以感知经验的世界。其次是在此基础上的“心知”，即理性的认知。而这一切又必然与群体文化相交涉，即以仁义、礼乐为主构建的文明体系。忘仁义、忘礼乐，只是对群体之我的超越，而心斋坐忘才是对个体之我的消解。心斋中的“无听之以耳”即是“离形”，即是“隳肢体”；“无听之以心”即是“去知”，即是“黜聪明”。心形两忘即是离形去知，即是消解感官之我与理念之我，而回归到大道真我之中。而这一切的关键即在于一个“虚”字。“唯道集虚”“集虚即气”，如气一般应物无穷，而不会执着于任何一物，因此才能“同则无好”“化则无常”，最终“同于大通”。这一独特的修道方式乃是由外而内的过程。“忘仁义”“忘礼乐”“外于心知”“徇耳目内通”“瞻彼阕者”，从群体之我收回到个体之我，从形体之我收回到心知之我，最终回归到内在本我。收视返听，返观内照。这里需要指出的是，这也是一种“观”，但却是一种不同于感官之观的独特的“观”，即庄子所说的“照”。这种不同于形知与心知的认知方式正是庄子一再强调的“以明”。唯此方能启用“天光”，于是“虚室生白，吉祥止止”，空明的心境中才能生发无量的光明，从而照破“黮暗”彻见世界的实相。

由“听之以气”进入“虚而待物”之“在”，具有形而上的意味。由于“通天下一气耳”，气的特点不会固执一物，而是随缘聚散，通天彻地，故而气在这里表征了世界的整体性，于是“听之以气”，即是由分离的世界（听之以耳和听之以心），回归到整体的世界之中。

从方法论层面而言，这是在做“为道日损”的功夫，是逐步把万般的妄念（即成心）消解的过程。“若一志”，就是制心一处的意思。“无听之以耳”，前面还有一个“听之以耳”的阶段。故而，修道的第一步就是把注意力集中在听觉上，先“听之以耳”，此时其他的妄念都没有了，只有这一个听觉存在。然后“无听之以耳而听之以心”，这是对听觉的脱离，进入觉知状态。此时，既无能听之我，亦无可听之物，唯有一念觉知，此即“以其知得其心”。此时虽然根尘脱落，但还有一个能觉的“觉”在。更进一步，“无听之以心而听之以气”，既无能觉之我，亦无可觉之境，与道合一，此即“以其心得其常心”。唯有得“常心”，方能得“常道”。

在《大宗师》开篇有一处甚为关键的话常为注家忽略，此即“有真人而后有真知”。这是认识论的重大转变。

世人之知只是经验之知，而证道者之知才是体道真知。体道真知既在经验之上，亦在经验之外。在经验之上，是说从道的层面而言，真知超越经验，照见了现象世界后面的本质；在经验之外，是说从物的层面而言，真知所见的现象世界，远比经验之知广大得多。真知可见全象，而经验之知仅得一隅。

人们努力地学习知识，培养逻辑思辨能力，是基于认为“有真知而后有真人”。但庄子却说“有真人而后有真知”。因为若想解决“知”的问题，须先解决“在”的问题。人只有“在”的突破，才有“知”的根本突破。

而这里的“在”，即是生命的境界。简言之，人所有的认知，包括形知（感官之知）与心知（理性认识），都基于人这个感受器，人不可能脱离感官认识真理。可是这个感受器具有极大的局限性，有限的感受器不可能认识无限的真理。故而只有突破感受的局限性，才能达成真知。这一过程即是离形去知。形（感知）和知（认知）皆有对待与依待，皆有指向而被局限在所知之物上。唯有既无听之以耳（离形）亦无听之以心（去知），才能突破局限之知，成就无限之知（同于大通）。完成“在”的转变，实现生命境界提升的人，才能成为真人。此时之知才是真知。

调心的目的是入定，入定才能生慧。所以庄子说：“宇泰定者，发乎天光。”

宇，是心宇。泰定，是真定。“发乎天光”，光，是指般若智慧。这里说的就是由定生慧的意思。心宇泰定，才能慧光内发。这时候，人见其人，物见其物。世人见人见物，只见现象。得道者见人见物，照见本质。

如何能够生发内在的智慧明觉？《齐物论》开篇还

隐喻了一个证道的方式。在颜成子游问老师什么是天籁的时候，南郭子綦没有正面回答，而是用一句“怒者其谁？”当头喝问。这种方式正如禅宗的参话头。

在《齐物论》中，南郭子綦正是运用了这样一种参话头的方式来启发弟子的，怒者其谁？众人皆从哲理出发，强行解释，曲为成说，是风？是窍？还是别的？径直参去。

我们说由定生慧，其实本质上定慧是等持的。

庄子说：“古之治道者，以恬养知。知生而无以知为也，谓之以知养恬。知与恬交相养，而和理出其性。”

以恬养知，则由定生慧。以知养恬，则借慧入定。知恬双养，则定慧等持。

但是这种“持”不可刻意而为，需要“不持而持”。

“灵台者有持，而不知其所持，而不可持者也。”

如此必可明心见性。什么是明心见性呢？庄子说得非常含蓄，一般人读不出来真义。

旧国旧都，望之畅然。虽使丘陵草木之缗入之者十九，犹之畅然，况见见闻闻者也，以十仞之台县众间者也。

这里庄子拿故乡来做比喻。其实我们天真本性就像我们的原始故乡一样，但是我们离开这个本性太久了，在尘世中流浪得久了，就认这个幻化的尘世为自己的故乡了。可是当有一天我们通过修道，由定生慧，能够发现我们的本性的时候，就好像在外流浪很久的人，忽然又看见了自己原本的家乡，那种欢欣鼓舞是无可言说的。

明心见性之后，还要悟后起修，证入“无境”之后，还要证得“无无之境”。

光曜问乎无有曰：“夫子有乎？其无有乎？”光曜不得问而孰视其状貌，窅然空然：终日视之而不见，听之而不闻，搏之而不得也。光曜曰：“至矣，其孰能至此乎！予能有无矣，而未能无无也。及为无有矣，何从至此哉！”

证得空境，还有一个境界在，需要待到把“空”也空掉，“无”也无掉，方才究竟。

（七）

人的感知与认知充满了二元对立。与道合一就是认识世界的整体原本是齐同的。庖丁解牛为什么这么神奇？最关键的一句话被大家忽略了，叫作“官知止”。什么意思？“官”是指五官，指的是生理感知；“知”指的是认知，就是突破这两者的二元对立。大家可能会说“官知止”，那不就成木头、石头了吗？不是的，后面还有四个字，叫作“而神欲行”，“神”，指的是内在妙用真心，就是可以认识世界整体的智慧。当你真的停止二元对立的时候，那个内在的整体观，即“天光”就启用了。因此，广成子告诉黄帝的修道方法是，“无视无听，抱神以静”“目无所见，耳无所闻，心无所知”“慎汝内，闭汝外”“多知为败”。眼睛不去看，耳朵不去听，心里不去想。否则，运用心智必然失败。

庄子的寓言常常非常精妙，这些精妙的寓言里面，不但有高深的境界，也暗藏着气机的变化。比如，鲲鹏变化和庖丁解牛虽然是证得的境界，但里面同样蕴含着大小周天的气机变化。当然，气机变化只是过程阶段的，并不根本，我们不要执着这些。最主要的是觉悟境界。因此，这些部分就不展开说了。

回归自然需要减少欲望。市南宜僚有一次劝说鲁侯修道，他用建德之国比喻大道之乡，劝鲁侯舍去王位，抛开俗务，到建德之国去。

鲁侯说，那里路途遥远而又险峻，又有山河的阻挡，我没有舟船车辆，怎么能够到达呢？

市南宜僚说，你态度恭敬而不要执着，这个态度就是你的舟船车辆。

鲁侯又说，那里路途遥远，没有人民，我和谁做伴呢？我没有米粮，又怎么能够到达呢？

市南宜僚说，“少君之费，寡君之欲，虽无粮而乃足！”减少你的费用，节制你的欲望，虽然没有粮食也足够了。

这一段对话非常好，态度就是舟车，节欲就是资粮。

节制欲望首先要看淡外物。可是人们往往“逐物而不返”。

以瓦注者巧，以钩注者惮，以黄金注者殙。其巧一也，而有所矜则重外也。凡外重者，内拙。

用廉价的物品来下注时，因为输赢无所谓，所以没有任何负担，自由发挥，赌技娴熟；用略微贵重的物品来下注时，因为有所顾忌了，畏首畏尾，发挥得不好；用极贵重的物品来下注时，因为物品太重要了，精神太紧张，导致思维昏乱。赌技前后并没有什么变化，只是因为心里有了不舍，有了不舍就会看重输赢。看重外物的得失，他的智慧就不足了。

所以庄子说：“其耆欲深者，其天机浅。”当一个人有欲望的时候，他的天机，也就是他本具的智慧就被遮蔽了。欲望越重，遮蔽越多。真正的修道者，总是不断地减少欲望，对外在没有什么要求，穷通不变于心。

古之得道者，穷亦乐，通亦乐，所乐非穷通也。道德于此，则穷通为寒暑风雨之序矣。

古时候得道的人，穷困也快乐，通达也快乐，所快乐的不是穷困和通达本身，只要是身处道德之中，那么穷困、通达就好像寒暑风雨的循序变化一样，又有什么可偏好的呢？

回归自然需要不执着外相。这里讲一个无象得珠的故事。

黄帝游乎赤水之北，登乎昆仑之丘而南望。还归，遗其玄珠。使知索之而不得，使离朱索之而不得，使喫诟索之而不得也。乃使罔象，罔象得之。黄帝曰："异哉，罔象乃可以得之乎？"

"罔象"者，无象也。"玄珠"者，大道也。无象得珠，就是不执一相才能证道。

回归自然需要不执着语言。在《天道》篇中庄子讲了这样一个故事，有一个叫士成绮的去向老子问道，可是见了面却不停地怼老子。他说，我听说先生是圣人，我不辞艰苦远道而来，希望见到您，走了一百多天，脚都生出茧子来了，也没有停止自己的步伐，可是现在我看先生也不算什么圣人，剩余的谷物不爱惜，各种物品堆满在面前。老子漠然不回应，也不回怼他。第二天，士成绮又见老子，说我昨天讽刺了您，今天心里觉悟了，为什么呢？老子说，你喊我是牛，我便是牛；你喊我是马，我便是马。如果我真的有错，那是我的不对。如果别人指出我的过错，我却拒不接受，这是两重的罪过。我接受别人给予的名称，常常是顺其自然地接受，并不是有心接受才去接受。

所以蒲衣子称赞泰氏说："一以己为马，一以己为牛。"任人把自己称为马，任人把自己称为牛。

语言并非事实本身。可是现在人都太看重语言了，对别人如何说自己看得太重了。这就相当于把幸福的遥控器放在别人的手中，别人按一个左键（斥责你一下），那你就暴跳如雷；按一个右键（赞美你一下），你就欢欣鼓舞。这样他摁来摁去的，你就不断地悲喜，情绪不断地跳来跳去，那你就变成什么了，你成了木偶了。

回归自然需要不执着形体。在《德充符》篇，庄子列举了很多形体残缺的人，可是这些人虽然身体残缺，但因为内德保全完好，而放出无量的光辉。庄子是想通过这些形残德全的人来说明一个道理，就是要看破对形体的执着。

故德有所长而形有所忘。人不忘其所忘而忘其所不忘，此谓诚忘。

所以内德逐渐增长，形骸就会逐渐遗忘，人们如果不遗忘所应当遗忘的形体，而遗忘所不应当遗忘的德性，这才是真正的遗忘。

回归自然需要不执着精神。色蕴不可执着，受想行识同样不可执着。庄子反复说“去智”“黜聪明”“吐尔聪明”“疏沦而心，澡雪而精神，掊击而知”“去知与故”，说的都是要去除人固有的认知，使心灵空明。

庄子还讲过一个牧马童子的故事，颇有意思。

黄帝将见大隗乎具茨之山，方明为御，昌寓骖乘，张若、谓朋前马，昆阍、滑稽后车。至于襄城之野，七圣皆迷，无所问涂。适遇牧马童子，问涂焉，曰："若知具茨之山乎？"曰："然。""若知大隗之所存乎？"曰："然。"黄帝曰："异哉小童！非徒知具茨之山，又知大隗之所存。请问为天下。"小童曰："夫为天下者，亦若此而已矣，又奚事焉！予少而自游于六合之内，予适有瞀病，有长者教予曰：'若乘日之车而游于襄城之野。'今予病少痊，予又且复游于六合之外。夫为天下亦若此而已，予又奚事焉！"黄帝曰："夫为天下者，则诚非吾子之事，虽然，请问为天下。"小童辞。黄帝又问。小童曰："夫为天下者，亦奚以异乎牧马者哉！亦去其害马者而已矣！"黄帝再拜稽首，称天师而退。

有一次黄帝要到具茨山见大隗，带了六个圣人一同前往，结果他们来到襄城的原野，都迷路了，"七圣皆迷"。这时候，正好遇到一个牧马的童子，就向他问路说，你知道具茨山吗？牧马童子说，知道。又问说，你知道大隗的所在吗？牧马童子说，知道。黄帝说，真奇怪，这个小童不仅知道具茨山还知道大隗，那么正好请教你如何治理天下呢？小童先不回答，而是说了一个自己的经历。他说我小的时候，游于六合之内，患有目眩症，一位长者教我说，你乘着日车，游于襄城的原野就好了。现在我的病好多了，我又游于六合以外的境界。治理天下也是这样啊！

黄帝没听懂，又问说，治理天下并不是你的事，虽然这样，还是想请问如何具体地治理天下？小童不说话。黄帝再三地追问。小童说，治理天下就像牧马一样，只是去除害马罢了。黄帝这时顿悟，于是磕头再三拜谢，称他为天师而告退。

很多人解释这一段都解释错了，这里表面上说的是如何治理天下，其实暗藏的真正意义是如何修道。“大隗”，比喻大道。“襄城之野”，比喻远离世俗而初见道。“七圣”，比喻七窍。“七圣皆迷”，比喻想要通过七窍和六根来认识大道是不可能的。“牧马”，比喻精神修养，调伏妄念。“童子”，比喻体道真人。“含德之厚，比于赤子。”“能婴儿乎？”“复归于朴。”童子，正是回归于自然的天真本性。游于六合之内患有目眩症，比喻尘世中皆是扭曲之现象，故而目眩。“乘日之车而游于襄城之野”，比喻以智慧之光超脱尘俗。“去害马者”，去妄念也。

牧马童子游于世俗之中，因为世俗皆是局部之现象，故而目眩头昏。得高人指点，借智慧天光破象见真而达真实之境界。这时候，目眩症自然消失。童子又进一步精进修道，最终抵达大道之乡。而修道之要不过是去除分别妄念罢了。

（八）

正如鸿蒙对云将说的：“你只要顺应自然无所作为，万物就会自生自化。忘掉你的形体，抛弃你的聪明，和万物泯和，和元气混同，无所用心，一念不存。万物纷纷芸芸，皆从道体中变化而来，又复归于道体之中。这个变化过程是自然而然的。只有在一个人一点心智都不用的时候，才能够把握大道的根本，一个人一旦使用了心智，就会远离大道。你无须去追问大道的名称，也不必探究它的真相，万物原本是自然生长的。”

这段话说得非常好，一个人要达到一种一念不存的空明状态，才能够虚而待物。也即是说，大道是世界的本质与全体，当一个人试图去认识大道的时候，那么他便落入了局部之中，他便成为世界整体内部一个对待的现象，而不再是世界的整体。当一个人不去认识大道的时候，他反而会与大道融为一体。

回归自然需要不迷外道神通。在修道的过程中常常可能会遇到一些外道，这些外道可能会有一些奇异的神通，如果修道者被这些奇异的神通所迷惑，就会改弦更张，迷失了道路。在壶子相面的故事中，列子被季咸的神通所迷，点醒修道者不慕神通，正道直行。

回归自然需要在日常生活中努力。修道不是天天空谈一些大道理，而是就在我们的日常生活之中，就在我们的行住坐卧之中。正如觉悟后的列子“为其妻爨，食豕如食人，于事无与亲。雕琢复朴，块然独以其形立。

纷而封哉，一以是终”。

（九）

除此之外，庄子还认为无为即道，修道应当不修而修。在《知北游》的开篇，庄子很精妙地表达了这一思想。

“知”问怎样思考、怎样谋虑，才能懂得“道”？怎样行为，安于何处，才能安于“道”？通过什么途径、用什么方法，才能获得“道”？黄帝说，没有思考、没有谋虑，才懂得“道”；没有行为、无所居处，才安于“道”；没有途径、没有方法，才获得“道”。

这段话什么意思呢？修道之初，我们需要借假修真，我们要有一个明确的目标，要有途径，要有方法，我们需要以有为求无为，破百执为一执，化万念为一念。这里的有为不是指功名利禄的作为，也不是指情绪行为的妄为，而是指修道的作为，用修道的作为来追求最终无为的境界。修道之初，我们的执着和妄念非常多，想要一下子达到无执无念的状态是不可能的。这就要先破掉在生活中其他的执着，只存有一个修道的执着，这就是破百执为一执。而把注意力集中在一处的方法就是为了化万念为一念。这都是修道中的种种方便，你需要知道的是，到了最后，这一执、这一念也是要舍去的。

在修道之初，我们认为有智慧可得，有生死可了，有涅槃可证，有众生可度，可是到了最后，从根本义理上来说，人人皆在道中，众生根本就没有离开过大道，根本就没有智慧可得，没有生死可了，没有涅槃可证，没有众生可度，我们想尽办法修习真定，其实你原本就在定中，只是不能认识到罢了。

以上这样说，也仍然是适应人的思维方式、人的语言系统说的。因为根本的实相已经不是语言可以描述、智力可以思维的了。上面的所有名词和这些名词所蕴含的意义与境界统统都不存在。所谓言语道断、心行处灭，不可思议。

可是上面这段话呢，除非你极具智慧，可以一言当下彻悟，否则是不能对初学者说的，如果你对初学者说了，反而会让他们落入空论和戏论。修道之初还是要借假修真，踏踏实实一步一步地向山顶攀登的，这个是到了一定时候，对有一定修为的人说的。

以上这些，从境界上来说，说的是根本的至理；从方法上来说，暗含的是中道的真义。

有一个惟宽禅师的故事，说的就是无修而修的中道之义。可以作为此处的一个注解。

说有一次，白居易问惟宽禅师说："既曰禅师，何以说法？"禅师说："无上菩提者，被于身为律；说于口为法，行于心为禅——应用有三，其致一也！譬如江、淮、河、汉，在处立名；名虽不一，水性无二。律即是法，法不离禅。云何于中妄起分别？"

白居易说："既无分别，何以修心？"禅师说："心本无损伤，云何要修理？无论垢与净，一切勿念起。"

白居易说："垢即不可念；净无念可乎？"禅师说："如人眼睛上，一物不可住。金屑虽珍宝，在眼也为病。"

白居易说："无修无念，又何异凡夫邪？"

禅师说："常人无明，二乘执着，离此二病，是为真修。真修者，不得勤，不得忘。勤即近执着，忘即落无明。此为心要云耳。”

因此庄子说：“若夫不刻意而高，无仁义而修，无功名而治，无江海而闲，不道引而寿，无不忘也，无不有也。澹然无极而众美从之。此天地之道、圣人之德也。”

（十）

庄子还提示大家“得意忘言”。庄子认为，语言充满二元对立，不可执着。

桓公读书于堂上。轮扁斫轮于堂下，释椎凿而上，问桓公曰：“敢问公之所读者，何言邪？”公曰：“圣人之言也。”曰：“圣人在乎？”公曰：“已死矣。”曰：“然则君之所读者，古人之糟魄已夫！”桓公曰：“寡人读书，轮人安得议乎？有说则可，无说则死！”轮扁曰：“臣也以臣之事观之，斫轮徐则甘而不固，疾则苦而不入，不徐不疾，得之于手而应之于心，口不能言，有数存焉于其间。臣不能以喻臣之子，臣之子亦不能受之于臣，是以行年七十而老斫轮。古之人与其不可传也死矣，然则君之所读者，古人之糟魄已夫！”

说有一次齐桓公在堂上读书，轮扁在堂下斫削车轮。他放下工具走到堂上，向齐桓公问道：“请问您读的是什么书？”齐桓公说：“是记载圣人之言的。”轮扁又问：“圣人还在吗？”齐桓公说：“已经不在了。”轮扁说：“如果这样，您所读的书，都是古人的糟粕啊！”齐桓公说：“我读圣贤书，你一个制作车轮的人怎能随便议论呢！今天如果你说不出道理来，我就处死你。”轮扁说：“我就以我所做的工作的角度来举例。斫削车轮，轮孔做得宽了就松滑而不坚固，做得紧了就涩滞而难入。不快不慢，不紧不松，得心应手，但嘴里却说不出来。这种恰到好处的感觉，我无法传给我的儿子，我的儿子不能继承。因此，我都快七十岁了，还在砍削车轮。古时候的人和他们那些不可言传的东西都已经消失了，这样看来，您所读到的并不是古人真正的妙义啊！”

轮扁的故事告诉我们这样一个道理，那就是大道的妙义不是语言可以形容的。但为了启迪世人，古来圣贤不得不用人类可以理解的语言来给大家指一个方向。语言只是一个方向，而方向不等于目的地本身。语言只是一种启迪，而启迪不能代替我们的实践。学习知识，要懂出入之法，先要入得进去，然后能够跳得出来，如果入了进去跳不出来，那么就是你被知识所用而不是知识为你所用。而体悟修道的至言更是如此。

因此庄子说："荃者所以在鱼，得鱼而忘荃；蹄者所以在兔，得兔而忘蹄；言者所以在意，得意而忘言。吾安得夫忘言之人而与之言哉！"

同样的，这段话更多的是说给有一定修为的人听的。当你已经能够契入真义，达到一定境界的时候，所有的文字都可以抛弃了。但是对于初学者而言，如果你没有读过经典，就像没有舟船，你又如何渡河呢？我们总得要借助一些工具，借助一些方便，以有为求无为。否则我们不仅没有了渡河的舟船，也失去了前进的方向。

庄子还倡导"应而不藏，无为而为"。这既是修道中必需的认知调整，也是证道的境界。而要做到这一点，首先要做到的是，能够时时处处保持内心的宁静。

圣人之心静乎，天地之鉴也，万物之镜也！夫虚静恬淡、寂漠无为者，天地之平而道德之至也。故帝王圣人休焉。休则虚，虚则实，实则伦矣。

圣人的心境是多么宁静啊！可以作为天地的明镜，真实映照万物。虚静、恬淡、寂寞、无为，是天地的基准，是道德修养的最高境界，所以古代帝王和圣明的人都安于这样的境界。安于这样的境界，心境便宁静，宁静便空明，空明便真德内充，真德内充便与道合一，与道合一怎会有什么缺失呢！

能达到宁静的状态，自然可以“无为名尸，无为谋府，无为事任，无为知主。体尽无穷，而游无朕。尽其所受乎天，而无见得，亦虚而已！至人之用心若镜，不将不迎，应而不藏，故能胜物而不伤”。

至人的德心就像镜子一样，任物来去，不迎不送，明照万物，不留不藏，所以能超然物外而不被物伤。

能够达到这样的心境，做任何事情都可以顺任自然。“依乎天理，因其固然。”“出为无为，则为出于无为矣！”无为并不是像木头、石头一样，什么都不做，而是无妄为，不去以己意人为地增益。如果自身语意是出于自然而不是妄心，那么虽然有为，也是无为了。这样的状态就是无为而为，不存妄心状态下的自然作为。

故曰：圣人之生也天行，其死也物化。静而与阴同德，动而与阳同波。不为福先，不为祸始。感而后应，迫而后动，不得已而后起。去知与故，循天之理。故无天灾，无物累，无人非，无鬼责。其生若浮，其死若休。不思虑，不豫谋。光矣而不耀，信矣而不期。其寝不梦，其觉无忧。其神纯粹，其魂不罢。虚无恬淡，乃合天德。故曰：悲乐者，德之邪也；喜怒者，道之过也；好恶者，德之失也。故心不忧乐，德之至也；一而不变，静之至也；无所于忤，虚之至也；不与物交，惔之至也；无所于逆，粹之至也。

所以说，圣人存在时顺应自然而作为，离开时又像万物一样变化而去；静时与阴同寂，动时与阳同波。不做幸福的先导，也不为祸患的起始，外有所感而后有所应，抛弃假我的智巧，顺任自然的常理。因而没有自然的灾害，没有外物的牵累，没有世人的非议，没有鬼神的责难。他们无思无虑，无欲无求，慧光内发而不外耀，真德常存而不必探究。睡着不做梦，醒来不忧愁。生如浮游，死如休息。心神纯一，真德不失。虚无恬淡，而合乎自然的真性。

所以说，悲哀和欢乐是背离德行，喜悦和愤怒是违反大道，喜好和憎恶是迷失本性。因此内心不忧不乐，是德行的最高境界；执守纯一的大道而不为外物所影响，这是宁静的最高境界；不与任何外物相抵触，是虚无的最高境界；不去分别事事物物，是恬淡的最高境界；不与任何事物相违逆，是精粹的最高境界。

能够做到内在应而不藏，外在自然可以无为而为。所以应而不藏是关键。这既是功夫又是境界。如果从日常功夫上说，就是时时保持觉知，当你生气的时候，觉知到“我在生气”；当你在吃饭的时候，觉知到“我在吃饭”；当你散步的时候，觉知到“我的左脚在轻轻抬起、放下，我的右脚在轻轻抬起、放下”。你不为外境所转，而是超然物外。对待事事物物只是保持知道，不用个人的成见去评判和分别，更没有所谓的执着。在专门功夫时，比如在坐忘的过程中，也是时时保持觉知，念头来了，它自来；念头去了，它自去，不迎不送，不喜不悲。念头来的时候，你能觉知到念头起了，但你不住于此念中，而是灵明觉知地看着它，它自然就消失了。念头在的时候，你没有什么悲喜，因为那念头不是你；等念头走了，你同样没有什么悲喜，因为那个念头不是你。

这是从修养实践上说，如果从境界上来说，真正可以证得这样的境界，那就可以达到物我两忘，不起心动念，虚体不变而妙应随缘，和天倪，休天钧，入乎道枢，以应无穷。

庄子还提出修养实践的阶段论。

南伯子葵问道于女偊，女偊告诉他修养实践的阶段。第一步，“外天下”，忘记功名利禄。第二步，“外物”，忘怀万物。第三步，“外生”，破我执。第四步，“朝彻”，天光觉照，智慧生发。第五步，“见独”，因为道是独立而不改的，因此见独即是见道。见道即明心见性。第六步，“无古今”，超越了时空。第七步，“入于不死不生”，因为道是不生不死的，因此，入于不死不生即是与道合一。

另一个提到修养实践的阶段论的是《寓言》篇中颜成子游的体验。

颜成子游谓东郭子綦曰：“自吾闻子之言，一年而野，二年而从，三年而通，四年而物，五年而来，六年而鬼入，七年而天成，八年而不知死、不知生，九年而大妙。”

颜成子游的修养实践分为九个阶段。第一步，“野”。什么意思？复返自然质朴。第二步，“从”。什么意思？就是不再固执我见。第三步，“通”。什么意思？就是理上通达无碍。理悟了。第四步，“物”。什么意思？

就是破除了对外物的执着。第五步，“来”。什么意思？就是“天和至”“慧光发”。智慧启用了。第六步，“鬼入”。什么意思？就是出现变化。第七步，“天成”。什么意思？就是启用天光，在天光觉照之下成就了智慧德性。第八步，“不知死、不知生”。什么意思？就是不但突破了生死的局限，而且连生死的观念也没有了。第九步，“大妙”。什么意思？就是成就了究竟的境界。

第五章 与世悠游

（一）

庄子处世观的第一个层面是隐世。隐世意味着要与世俗保持一定的距离。

尧以天下让许由，许由不受。又让于子州支父，子州支父曰："以我为天子，犹之可也。虽然，我适有幽忧之病，方且治之，未暇治天下也。"夫天下至重也，而不以害其生，又况他物乎！唯无以天下为者可以托天下也。尧让天下于子州支伯，子州支伯曰："予适有幽忧之病，方且治之，未暇治天下也。"故天下，大器也，而不以易生。此有道者之所以异乎俗者也。舜以天下让善卷，善卷曰："余立于宇宙之中，冬日衣皮毛，夏日衣葛絺。春耕种，形足以劳动；秋收敛，身足以休食。

日出而作，日入而息，逍遥于天地之间，而心意自得。吾何以天下为哉！悲夫，子之不知余也。”遂不受，于是去而入深山，莫知其处。舜以天下让其友石户之农，石户之农曰：“捲捲乎，后之为人，葆力之士也。”以舜之德为未至也。于是夫负妻戴，携子以入于海，终身不反也。

在《让王》篇庄子讲述了很多不为名利所动的修道者。

尧把天下让给许由，许由不接受，于是又把天下让给子州支父，子州支父也找理由推脱了。天下大位是最贵重的，而修道者不以大位妨害自己生命的本质，何况其他的事情呢。

尧把天下让给子州支伯，子州支伯找理由推脱了。虽然天下大位是最大的名器，子州支伯却不以它来交换生命的本质。这是有道的人和常人不同的地方。

舜把天下让给善卷，善卷说，我站在宇宙中间，冬天穿皮毛，夏天穿布衣，春种秋收，太阳出来就耕作，太阳下山便回来休息，逍遥自在于天地之间，而心意自得，我要天下做什么呢？可悲啊，你不了解我。终于不肯接受，远离世俗，到深山里去，没有人知道他的去处。

舜把天下让给他的朋友，他的朋友说，国君真是苦力啊！不肯接受，于是带着全家隐居海岛，终生没有回来。

为什么要与世俗保持一定的距离呢？刚开始修道的时候是为了借由物理的空来促进心里的空，让修道有一个良好的清静的环境，可以专心于修道。“不见可欲使心不乱。”等到修道日久，这时候再看名利富贵早已粗重不堪，修道者已经有更大的快乐了，对世俗的这些所谓的快乐已经不感兴趣了。

所以庄子说：“夫欲免为形者，莫如弃世。弃世则无累，无累则正平，正平则与彼更生，更生则几矣！”

要想避免心为形役，首先要与世俗保持一定的距离。与世俗保持一定的距离就没有负累，没有负累就会心正气平，心正气平就能和自然同化，和自然同化就接近大道了。

隐世意味着修道者过着极简的物质生活。

原宪居鲁，环堵之室，茨以生草，蓬户不完，桑以为枢而瓮牖，二室，褐以为塞，上漏下湿，匡坐而弦歌。子贡乘大马，中绀而表素，轩车不容巷，往见原宪。原宪华冠纵履，杖藜而应门。子贡曰："嘻！先生何病？"原宪应之曰："宪闻之：无财谓之贫，学而不能行谓之病。今宪贫也，非病也。"子贡逡巡而有愧色。原宪笑曰："夫希世而行，比周而友，学以为人，教以为己，仁义之慝，舆马之饰，宪不忍为也。"

原宪的生活非常清苦，到什么程度呢？住在一间方丈大小的茅草屋，蓬草编成的门四处透亮，门轴是用折断的桑条做的，窗户是用破瓮做的，中间用粗布衣服隔成两个房间，屋子上面漏雨下面很潮湿，可是尽管如此简陋，原宪却端端正正地坐着，潇潇洒洒地弹着琴唱着歌。

接下来，子贡出场了，子贡是世俗中的成功者，这一对比有意思了。子贡乘坐着高头大马拉的马车，穿着紫红色的内衣，外面罩着素雅的大褂，好不荣耀的样子。可是小小的巷子容不下这高大华贵的马车，子贡只好从车上下来，走过去看望原宪。

原宪什么状态呢？戴着裂开口子的帽子，穿着破烂的草鞋，拄着藜杖应声开门。

子贡一看吃惊地说："哎呀！先生得了什么病吗？"原宪说："我听说，没有财物叫作贫，学习了却不能付诸实践叫作病。我是贫，不是病。"子贡听了面有羞愧之色。原宪又笑着说："迎合世俗做事，相互结党为友，学习知识是为了夸耀于人，传播知识是为了显扬名声，用仁义作为奸恶勾当的掩护，讲求高车大马的华贵装饰，这是我不愿去做的。"

曾子居卫，缊袍无表，颜色肿哙，手足胼胝，三日不举火，十年不制衣。正冠而缨绝，捉襟而肘见，纳屦而踵决。曳纵而歌《商颂》，声满天地，若出金石。天子不得臣，诸侯不得友。故养志者忘形，养形者忘利，致道者忘心矣。

同样的还有曾子。曾子住在卫国，衣服破烂，面色浮肿，手足生茧。三天没有生火做饭，十年没有添置新衣，正戴帽子帽绳就断，拉着衣襟手臂就会露出来，穿鞋露着脚后跟。可是尽管物质极度贫乏，他的精神却很丰盈，口吟《商颂》，声音充满天地，好像金石乐器奏出来的一样。天子不能役使他做臣子，诸侯没有资格和他做朋友。所以注重身体的人会看淡名利，因为知道身体比名利更可贵。注重内在幸福的人会看淡形体，因为知道内心的幸福比形体更加重要。而专心修道的人知道五蕴皆空，因此身心两忘。

修道者是“削迹捐势，不为功名”的，住得远离闹市，衣食都很简单，“逃于大泽，衣裘褐，食杼栗”。因为“达生之情者，不务生之所无以为”。觉悟生命真谛的人，不会去追求对于生命本质不必要的东西。“鷦鹩巢于深林，不过一枝；偃鼠饮河，不过满腹。”只要能够维持最基本的生理需要即可，其余物质的追求、名声的追求，对于觉悟生命来说都是不必要的东西。

隐世意味着修道者不可显异于人。

老聃之役有庚桑楚者，偏得老聃之道，以北居畏垒之山。其臣之画然知者去之，其妾之挈然仁者远之。拥肿之与居，鞅掌之为使。居三年，畏垒大穰。畏垒之民相与言曰："庚桑子之始来，吾洒然异之。今吾日计之而不足，岁计之而有余，庶几其圣人乎！子胡不相与尸而祝之，社而稷之乎！"

这个故事讲的是一个叫庚桑楚的人，他是老子的弟子，居住在北边的畏垒山，他的随从中喜欢炫耀才智、标榜仁义的都被他斥退了，只有敦厚朴实的人留了下来。他在这里住了三年，畏垒山一带大丰收。老百姓都认为是庚桑楚的功劳，于是互相议论着要推举他为领导。

庚桑子闻之，南面而不释然。弟子异之。庚桑子曰："弟子何异于予？夫春气发而百草生，正得秋而万实成。夫春与秋，岂无得而然哉？天道已行矣。吾闻至人，尸居环堵之室，而百姓猖狂，不知所如往。今以畏垒之细民而窃窃焉欲俎豆予于贤人之间，我其杓之人邪？吾是以不释于老聃之言。”弟子曰：“不然。夫寻常之沟，巨鱼无所还其体，而鲵鳝为之制；步仞之丘陵，巨兽无所隐其躯，而蘖狐为之祥。且夫尊贤授能，先善与利，自古尧、舜以然，而况畏垒之民乎！夫子亦听矣！”庚桑子曰：“小子来！夫函车之兽，介而离山，则不免于网罟之患；吞舟之鱼，砀而失水，则蚁能苦之。故鸟兽不厌高，鱼鳖不厌深。夫全其形生之人，藏其身也，不厌深眇而已矣！”

庚桑楚听到以后很不愉快。弟子们就很奇怪。庚桑楚说：“你们对我的态度有什么可感到奇怪的呢？春天百草生长，秋天万物成熟。这本来就是自然而然的事情。我听说至人安居方丈小室，而百姓随心所欲，悠游自适。现在畏垒山一带的庶民想推举我当领导，说明我没有遵从老师的教导，而显异于人。因此而不愉快。”

他的弟子不解，还想劝说他顺从大家的心意。

庚桑楚说：“即使是口能含车的巨兽，离开山野，也难免于被猎人捕杀；口能吞舟的大鱼，一旦离开江河，小小的蚂蚁也会使它困苦不堪。所以鸟兽不厌山高，鱼鳖不厌水深。修道者，隐藏自己唯恐不够深入啊！”

孔子之楚，舍于蚁丘之浆。其邻有夫妻臣妾登极者，子路曰：“是稯稯何为者邪？”仲尼曰：“是圣人仆也，是自埋于民，自藏于畔，其声销，其志无穷，其口虽言，其心未尝言，方且与世违而心不屑与之俱，是陆沉者也。是其市南宜僚邪？”子路请往召之，孔子曰：“已矣，彼知丘之著于己也，知丘之适楚也，以丘为必使楚王之召己也，彼且以丘为佞人也。夫若然者，其于佞人也，羞闻其言，而况亲见其身乎！而何以为存！”子路往视之，其室虚矣。

孔子到楚国去，住在一个卖浆的人家里。他的邻居家的夫妻、奴仆全都登上了屋顶观望，子路说：“这么多人聚集在一起做什么呢？”孔子说：“这些人都是圣人的仆从。他是甘愿隐于民间，隐居于田园的人。深隐声名而志向远大，他虽然说话，内心却凝寂无言。他的行为和世俗相反，内心不屑与世俗同流。这是一位隐士，可能是市南宜僚吧。”子路恳请老师允许他去敬请。孔子说：“算了吧！他知道我到楚国一定会让楚王来召见他，他将把我看成是巧言献媚的人。他不会愿意见面的。”子路前往探视，市南宜僚的居室已经空无一人了。

列御寇之齐，中道而反，遇伯昏瞀人。伯昏瞀人曰：“奚方而反？”曰：“吾惊焉。”曰：“恶乎惊？”曰：“吾尝食于十浆而五浆先馈。”伯昏瞀人曰：“若是则汝何为惊已？”曰：“夫内诚不解，形谍成光，以外镇人心，使人轻乎贵老，而整其所患。夫浆人特为食羹之货，无多余之赢，其为利也薄，其为权也轻，而犹若是，而况于万乘之主乎！身劳于国而知尽于事。彼将任我以事，而效我以功。吾是以惊。”伯昏瞀人曰：“善哉观乎！汝处已，人将保汝矣！”无几何而往，则户外之屦满矣。伯昏瞀人北面而立，敦杖蹙之乎颐。立有间，不言而出。宾者以告列子，列子提屦，跣而走，暨乎门，曰：“先生既来，曾不发药乎？”曰：“已矣，吾固告汝曰：人将保汝。果保汝矣！非汝能使人保汝，而汝不能使人无保汝也，而焉用之感豫出异也。必且有感，摇而本性，又无谓也。与汝游者，又莫汝告也。彼所小言，尽人毒也。莫觉莫悟，何相孰也！巧者劳而知者忧，无能者无所求，饱食而遨游，泛若不系之舟，虚而遨游者也！”

列子到齐国，中途回来，遇见伯昏瞀人，伯昏瞀人问，为什么回来。列子说，我感到不安。伯昏瞀人问，为什么？列子说，我到十家买浆，竟然有五家先送给我，这说明我真德外荡了，卖浆只是一些小生意，都还能够如此看我不同于常人，何况是万乘的君主呢？所以我感到很不安。

伯昏瞀人说，你真会观察呀，你等着吧，人们会归向你了。

不多一会儿再去看，门外的鞋子都摆满了。伯昏瞀人见此情景站了一会儿没有说话就走了，接待宾客的人告诉列子，列子赶忙提起鞋赤着脚跑出来，到了门口说，先生既然来了，怎么不教导我呢？伯昏瞀人说，算了，我已经告诉你，说人们要归向你，果然归向你了，你何必这样表现与众不同呢？必定有什么动摇了你的本性了。世俗中聪明的人多虑多忧，有才干的人忙忙碌碌，又怎能比得上那些修道者，他们不用智巧，无欲无求，饱食而遨游，飘然像无所系的孤舟，这才是虚己而逍遥的人啊！

常人的志向都是想出人头地，但是修道者却恰恰相反。常人想要在地位上超过别人、财富上超过别人、名声上超过别人，总之，总想在某个方面能够超过别人，从而能够证明自己，实现人生的价值，这些都是世人的追求，却是修道者所应当警惕的。这不是说修道者不能有超过常人的地方，而是说你的外在一定要能够很好地隐藏，不要显异于人，表现出超越常人。要能够把自己深藏于大道之中，深藏于众人之中，否则，内在必然内德外荡，光而外耀，外在必然成为众人毁誉的目标。如此，内在不得平静，外在不得清静，无益于修道。

（二）

现实生活中，人们常常想到有用的好处，却没有想到有用的坏处。

有一次，市南宜僚去见鲁侯，见鲁侯面有忧色，就问他："为什么您看起来愁容满面啊？"鲁侯说："我学习先王之道，努力治理国家，敬奉鬼神，尊重贤能，身体力行，没有片刻的休息，然而还是免不了祸患，所以我感到很忧虑。"市南宜僚说："你避免祸患的方法太浅了！丰狐文豹，栖居在山林，潜藏在岩洞，够沉静的了；夜里出来行走，白天留在洞穴，够警惕的了，然而还是免不了遭到罗网和机关的祸害，它们有什么过错呢？是它们自己的皮招来的灾祸啊。现在的鲁国不正是你的皮吗？"

吴王渡过长江，登上了一座山，这座山上有很多猴子。猴子们看到有人来，就惊恐地逃走了。可是有一只猴子不但没有逃走，还淡定地抓着树枝跳来跳去，显示它的灵巧。吴王就拿箭射它，这只猴子竟然灵巧地接住了吴王射过来的箭。吴王很生气，就让随从们都来射这只猴子，结果这只猴子就被乱箭射死了。吴王跟他的朋友颜不疑说:“这只猴子,依仗它的敏捷,夸耀它的灵巧,最终导致丢失性命，我们要引以为戒啊！”

这两个故事很有意思，前一个故事，狐豹因皮而被害，说明有值得别人谋求的东西，必然会带来危险。后一个故事，猿猴因敏捷而被杀，说明处处表现精明、显示灵巧，必然会危及自身。

说到这里，我们自然会想到那些庄子笔下无用的大树。无论是曲辕的社树还是商丘的大木，都是以无用而得以长存的。

庄子处世观的第二个层面是顺世（*初级游世*）。当条件不允许或者是机缘不具备的时候，避世专修无法实现，人逼不得已而应俗，此时又当如何自处呢？庄子采取的原则就是顺世（*初级游世*）。修道者要做到“游世而不偏僻，顺人而不失己”。修道者处乎世间，尽可能做到修道与世俗的调和与平衡，不要与世俗相抗，也不要沉溺于世俗。

但是这样的平衡是很难把握的，修道者往往会因为世俗的影响而守形忘真。即使是像庄子这样的证道者，在他的修道过程中也会出现守形忘真的情况，在雕陵之樊，庄子因为捕捉异鹊也陷入了物物相害的循环之中，被管园的人呵斥。后来庄子闭门思过说："吾守形而忘身，观于浊水而迷于清渊。"在世俗中太久了，反而对大道迷惑了。

因此，要想实现应俗的终极解决，必须进入庄子处世观的第三个层面，即超世。

庄子行于山中，见大木枝叶盛茂，伐木者止其旁而不取也。问其故，曰："无所可用。"庄子曰："此木以不材得终其天年。"夫子出于山。舍于故人之家。故人喜，命竖子杀雁而烹之。竖子请曰："其一能鸣，其一不能鸣，请奚杀？"主人曰："杀不能鸣者。"明日，弟子问于庄子曰："昨日山中之木以不材得终其天年，今主人之雁以不材死，先生将何处？"庄子笑曰："周将处乎材与不材之间。材与不材之间，似之而非也，故未免乎累。若夫乘道德而浮游则不然。无誉无訾，一龙一蛇，与时俱化，而无肯专为。一上一下，以和为量，浮游乎万物之祖。物物而不物于物，则胡可得而累邪！”

庄子行走于山中，看见一棵大树枝繁叶茂，伐木的人就在旁边却不砍伐它。庄子问他们是什么原因，伐木的人说：“这棵大树没有什么用处。”庄子说：“这棵树就是因为无用才能够终享天年啊！”庄子从山上下来，留宿在朋友家中。朋友很高兴，叫童仆杀鹅款待他。童仆问主人：“有一只能叫，有一只不会叫，请问应该杀哪一只呢？”主人说：“杀那只不会叫的。”

第二天，弟子问庄子：“山中的大树，因为无用而能终享天年；主人的鹅，却因为无用而被杀。请问应该怎样处世呢？”庄子笑道：“我将处于有用与无用之间。不过这样仍然不是根本的办法。真正根本的办法是与道合一而乘物悠游，与时俱化而游于万物之祖。此时，主宰万物而不被万物所役使，又怎么会有累患呢？”

外示无用，“美则美矣，了犹未了”，并非应对世俗的终极破解之道，而材与不材之间也仅是顺势（初级游世）的调和办法，应俗问题的终极破解之道，在于能够证得大道，而后与道悠游。

提到处世之道，我们有必要再说一下《逍遥游》篇中庄子与惠子关于有用无用的辩论，以及《养生主》中庖丁解牛的寓意。

在《逍遥游》的最后，庄子与惠子讨论了有用无用。两段对白虽然都说到了无用的好处，但是庄子想说的不仅仅是外示无用，核心在于能够内证大道之妙用。关键在于“以为大樽而浮乎江湖”“树之于无何有之乡”，这才是庄子至用的根本目的。

庖丁解牛，出自《养生主》篇，养生主何义？养为涵养，生为生命，主为本质。生命的本质即是人的天真本性。养生主就是涵养生命本质。第一层次的人看到是养护形体之道，第二层次的人看到的是处世的保身全生之道，第三层次的人看到的是觉悟之道。其实庖丁解牛的过程即是证道的过程。首先是见道，“目无全牛”；接着是入道，“以无厚入有间”；第三是行道，“游刃有余”；第四是藏道，“善刀而藏之”。若只能读到处世的保身全生之道是未达核心义理的。

《人间世》篇中颜回提出种种应对世俗的方法，都被他的老师孔子否决了。唯有实现“心斋”，证得“无我”，才能“人貌天虚”“有人之形，无人之情”“虚己以游世”“与天地精神相往来，而不傲倪于物”“不遣是非，以与世俗处”。而修道者不要忘记自己最终的目标是为了实现“游于尘垢之外”，抵达“广漠之野，无何有之乡”。

最后，证道者就进入了庄子处世观的第四个层面，即化世（终极游世）。

至人既可以游于六合之外，也可以重新游于六合之内；从梦中醒来后，再次回到众生梦中，示现种种方便，告诉人们，这是梦。

至人来去自由，“出入六合，游乎九州，独往独来，是谓独有。独有之人，是之谓至贵”。

至人可以大济苍生，“使物不疵疠而年谷熟”。

至人可以化育圣贤，“是其尘垢秕糠将犹陶铸尧舜”。

至人可以度化众生，“大人之教，若形之于影，声之于响。有问而应之，尽其所怀，为天下配。处乎无响。行乎无方。挈汝适复之挠挠以游无端，出入无旁，与日无始。颂论形躯，合乎大同。大同而无己。无己，恶乎得有有。睹有者，昔之君子；睹无者，天地之友”。

“先存诸己”的至人，最终实现了“而后存诸人”的理想。“乘天地之正，御六气之辩，以游无穷。”

后记

很多年以前，有一次我在南京新街口新华书店买了一大堆书，打的准备赶往车站坐长途汽车回老家。刚上车，因为书本太多，不小心失落了《庄子》，当时因为刚刚下过雨，路面非常泥泞，车开得又快，回老家的车次时间已经非常紧张，就在这样的情况下，我毫不犹豫地叫停了出租车，然后飞奔回去捡起了在泥泞中的《庄子》。

几年前，我在结束了一场演讲，拖着疲惫的身子回到住处的时候，随手翻开《庄子》，重读《逍遥游》，可是刚读到鲲鹏变化，就已经泪流满面，那一刻竟然莫名地感动。从此以后，每有外出，必带《庄子》，这成了我的一个习惯。

2015年，我在南方一线城市讲学的时候，我问台下众多教育精英，有谁通读过一遍《论语》，请举手，结果只有两个人；我又问，有谁通读过一遍《庄子》，请举手，结果一个人也没有。从那一刻起，我就暗暗下定决心要弘扬庄学。

2015年的一天，我在高校讲学的时候，当时，虽然下着雨，前来听讲的人仍然挤满了教室，主办方不得已把课桌全部撤走，增加了椅子。这样就可以多增加一些空间，多容纳一些听众。可是这样仍然不够，前门和后门都围满了人驻足听讲。为了维持秩序，服务的志愿者只好对陆续赶来的听众进行劝退。而后来者见连门口的站位都没有，只好悻悻离开。学校的一位老师说，很久没有在学校看到如此盛况的人文讲座了，我想那里一定有庄子的智慧之光。因为当天的讲座，内容近半是庄子。

读庄多年，一直想着写一本解读的书。但读书容易，写作却难，常常心中有所觉悟，可是动笔却写不出那份意思。又因为生活繁忙，常常间断。直到 2015 年才完成《庄子浅注》的初稿。2016 年，在浅注的基础上完成了《庄子讲义》的初稿。这也算是对多年学习庄子有了一个阶段性的总结吧。其间，多次到各地演讲，多有谈及我研究的心得和一些观点。比较集中地讲《庄子》是两次：一次是 2016 年在天津经济广播电台讲了一年的《庄子》；一次是 2018 年在荔枝微课上详细讲解了《逍遥游》篇。据说从听众的讨论和反应来看，效果还算不错。2020 年 12 月，我根据最近几年新的体悟，把两部初稿重新整理，刊发于“幸福读书”公众号上，并时常和朋友交流。2021 年为了更好地弘扬庄学，我把《庄子浅注》和《庄子讲义》两部书稿合成一部，名为《庄子精义》正式出版，这也算是完成了我的一个心愿吧。这本书虽然在原稿基础上删去了三分之二，仅有的三分之一，又在“大众视角”下做了修改，但总算为弘扬庄学做些贡献了。

庄子是人类智慧最高峰的几位人物之一，可惜现在人读《庄子》的太少了，因此我尝试着注解《庄子》，就是希望为庄学能够显扬于当今做些微薄的努力。

本书出版之际，特别感谢三晋出版社玉成！感谢彭凯平、周国平、詹石窗、杜保瑞、米靖等众多老师的鼓励和支持！感谢本书的责任编辑任俊芳女士的艰辛付出！正是她专业、细致、认真的精神，才使得本书能以优美的姿态呈现给读者。

青松

2022年元旦

主要参考书目

1.《庄子注疏》，郭象注，成玄英疏，中华书局，2011 年版。

2.《庄子今注今译》，陈鼓应注译，商务印书馆，2007 年版。

3.《庄子集释》，郭庆藩撰，中华书局，2013 年版。

4.《庄子集解》，王先谦撰，中华书局，1954 年版。

5.《庄子鬳斋口义校注》，林希逸著，中华书局，1997 年版。

6.《南华真经义海纂微》，褚伯秀撰，中华书局，2018 年版。

7.《庄子内篇注》，憨山大师著，崇文书局，2015 年版。

8.《老子衍　庄子通　庄子解》，王夫之著，中华书局，2009 年版。

9.《南华经解》，宣颖撰，广东人民出版社，2008 年版。

10.《庄子补正》，刘文典撰，安徽大学出版社，1999 年版。

11.《南华雪心编》，刘凤苞撰，中华书局，2013 年版。

12.《齐物论释》，章太炎著，崇文书局，2016 年版。

13.《经典发隐》，杨仁山著，崇文书局，2016 年版。

14.《南华真经副墨》，陆西星撰，中华书局，2010 年版。

15.《庄子校诠》，王叔岷著，中华书局，2007 年版。

16.《庄子平议》，见《俞樾全集》，俞樾著，浙江古籍出版社，2018 年版。